STARTUP EXPO NENCIAL

Leonardo Simão

Ganhador do prêmio de **Empreendedor do Ano**
pela *Exame, Globo, Ernst & Young* e *Endeavor*

STARTUP EXPONENCIAL

O mapa da mina na
captação de recursos
para startups

ALTA BOOKS
EDITORA
Rio de Janeiro, 2021

Startup Exponencial

Copyright © 2021 da Starlin Alta Editora e Consultoria Eireli.
ISBN: 978-65-5520-715-6

Todos os direitos estão reservados e protegidos por Lei. Nenhuma parte deste livro, sem autorização prévia por escrito da editora, poderá ser reproduzida ou transmitida. A violação dos Direitos Autorais é crime estabelecido na Lei nº 9.610/98 e com punição de acordo com o artigo 184 do Código Penal.

A editora não se responsabiliza pelo conteúdo da obra, formulada exclusivamente pelo(s) autor(es).

Marcas Registradas: Todos os termos mencionados e reconhecidos como Marca Registrada e/ou Comercial são de responsabilidade de seus proprietários. A editora informa não estar associada a nenhum produto e/ou fornecedor apresentado no livro.

Impresso no Brasil — 1ª Edição, 2021 — Edição revisada conforme o Acordo Ortográfico da Língua Portuguesa de 2009.

Erratas e arquivos de apoio: No site da editora relatamos, com a devida correção, qualquer erro encontrado em nossos livros, bem como disponibilizamos arquivos de apoio se aplicáveis à obra em questão.
Acesse o site www.altabooks.com.br e procure pelo título do livro desejado para ter acesso às erratas, aos arquivos de apoio e/ou a outros conteúdos aplicáveis à obra.

Suporte Técnico: A obra é comercializada na forma em que está, sem direito a suporte técnico ou orientação pessoal/exclusiva ao leitor.

A editora não se responsabiliza pela manutenção, atualização e idioma dos sites referidos pelos autores nesta obra.

Produção Editorial
Editora Alta Books

Gerência Comercial
Daniele Fonseca

Editor de Aquisição
José Rugeri
acquisition@altabooks.com.br

Produtores Editoriais
Illysabelle Trajano
Maria de Lourdes Borges
Thales Silva
Thiê Alves

Marketing Editorial
Livia Carvalho
Gabriela Carvalho
Thiago Brito
marketing@altabooks.com.br

Equipe de Design
Larissa Lima
Marcelli Ferreira
Paulo Gomes

Diretor Editorial
Anderson Vieira

Coordenação Financeira
Solange Souza

Assistente Editorial
Mariana Portugal

Equipe Ass. Editorial
Brenda Rodrigues
Caroline David
Luana Rodrigues
Raquel Porto

Equipe Comercial
Adriana Baricelli
Daiana Costa
Fillipe Amorim
Kaique Luiz
Victor Hugo Morais
Viviane Paiva

Atuaram na edição desta obra:

Revisão Gramatical
Alessandro Thomé
Rafael Fontes

Diagramação
Catia Soderi

Capa
Marcelli Ferreira

Ouvidoria: ouvidoria@altabooks.com.br

Editora afiliada à:

Dados Internacionais de Catalogação na Publicação (CIP) de acordo com ISBD

S588s	Simão, Leonardo
	Startup exponencial: o mapa da mina na captação de recursos para startups / Leonardo Simão. - Rio de Janeiro : Alta Books, 2021.
	224 p. ; 16cm x 23cm.
	Inclui índice e bibliografia.
	ISBN: 978-65-5520-715-6
	1. Administração. 2. Startup. 3. Gestão. I. Título.
2021-3807	CDD 658.401
	CDU 658.011.2

Elaborado por Odílio Hilario Moreira Junior - CRB-8/9949

Rua Viúva Cláudio, 291 — Bairro Industrial do Jacaré
CEP: 20.970-031 — Rio de Janeiro (RJ)
Tels.: (21) 3278-8069 / 3278-8419
www.altabooks.com.br — altabooks@altabooks.com.br

SOBRE O AUTOR

Empresário, investidor, empreendedor e mentor Endeavor. Sócio e co-CEO Reach Digital, engajada na digitalização, automação e monitoramento da área de vendas e de atendimento. Nossa plataforma oferece uma gestão omnichannel e transcrição de ligações & vídeos e integra todos os canais de atendimento em um único Timeline de comunicação.

Fundador e-captei & Boost Academy, plataformas de treinamento, gestão e capacitação para empreendedores.

Fundador da Bebê Store, empresa líder de mercado no segmento de e-commerce para bebês e consolidadora do mercado Brasileiro do setor infantil com a aquisição da empresa Baby, que, juntas, receberam mais de US$105 milhões de 23 dos maiores e mais respeitados fundos de Venture Capital do mundo, dentre eles Atomico Venture, Tiger, Accel Partners, Ron Conway, Valiant Capital, Valor Capital, Joá Investimentos, Monashees e outros.

Vencedor dos prêmios: Empreendedor do ano de 2014 pela Editora Globo e Empreendedor do ano Pulo do Gato Endeavor 2014; finalista do Prêmio Empreendedor de 2015 da Ernst Young. Em 2014, a Bebê Store foi considerada entre as 10 melhores empresas para se trabalhar no Varejo no Brasil pela GPTW.

Graduado no Owner President Management Program (OPM) pela Harvard Business School, em Engenharia de Produção pela Universidade Federal de São Carlos (UFSCar) e em Direito pela Universidade Presbiteriana Mackenzie.

Além da Bebê Store, foi também fundador da Loteria Brasil e Lotérica. com, líderes do setor de loterias online do Brasil, vendidas em 2013; da 3URB Empreendimentos Imobiliários e +Vida Construtech, inovadora Construtech que está revolucionando o mercado de construção popular com seu sistema +Vida, com investimentos superiores a R$400 milhões; e da Smart Idea Investimentos e Transformação Digital, empresa de investimento e transformação digital.

AGRADECIMENTOS

Este livro é dedicado em especial aos meus filhos, Theo e Lucca, que são o maior presente da minha vida; a Amanda, meu amor, minha mulher, amiga e companheira; a meu pai, sócio, amigo e herói John, que além de uma inspiração e um exemplo de vida para mim, também me ajudou com conselhos e correções durante toda a produção deste livro; a minha querida mãe, Beatris, também minha grande fonte de orgulho e inspiração; a meu irmão e melhor amigo, Leandro; e a minha querida amiga e irmã Camila, uma pessoa incrível.

Minha eterna gratidão também àqueles que lutaram junto comigo e a suas fantásticas equipes na construção de nossas empresas.

E também a Endeavor, e a todos os investidores, fornecedores e parceiros que acreditaram em nosso trabalho.

Sem todos vocês, nada disto teria sido possível.

SUMÁRIO

PREFÁCIO – ROMERO RODRIGUES **09**

PREFÁCIO – GUSTAVO CAETANO **13**

PRÓLOGO **15**

A CAPTAÇÃO É COMO UM JOGO DE XADREZ

1. Como venci uma Guerra comprando um pacote de Fraldas por Mês **19**

A CAPTAÇÃO

INTRODUÇÃO À CAPTAÇÃO **27**

2. Captação de investimento **29**
3. Tipos e perfis de investidores **33**
4. Amigos e familiares (*friends and family*) **35**

5. Investidor-anjo (*angel investor*) e investidor- semente (*Seed investor*) **37**
6. Fundos de investimento de risco (*venture capital funds*) **45**
7. Fundos de investimento privado (*private equity*) **49**

POR DENTRO DE UM FUNDO DE *VENTURE CAPITAL*

8. Como funciona um fundo? **53**
9. Como os fundos decidem investir? **57**
10. De onde vem o dinheiro dos fundos? **59**
11. Como os fundos são remunerados? **61**

12. A importância da fase de vida de cada fundo para sua empresa **63**
13. Fluxo de caixa, investimentos entre fundos, troca de sócios e outras questões internas dos fundos **65**

VALUATION – QUANTO VALE SUA EMPRESA STARTUP

14. Como um fundo calcula o valor de sua empresa (ou seu *valuation*) – *Pre-money* versus *Post-money*? **69**
15. Metodologias de cálculos do *valuation pre-money* **73**
16. Comparativo entre *valuation* no Brasil versus Estados Unidos.... **79**

17. Tabela de capitalização (*cap table*) **83**
18. A armadilha de um *valuation* superdimensionado...................... **87**
19. Por que um fundo, mesmo depois de investir na empresa, raramente está do mesmo lado da mesa do empreendedor **89**

O PROCESSO DE ROAD SHOW

20. *Deck* de captação e *pitch*: como se preparar **99**
21. Como funciona um *road show*? **107**
22. Fatores importantes que influenciam a decisão de investimento de um fundo **109**
23. Técnicas de negociação **111**

O *TERM SHEET*

24. *Term sheet, letter of intent* (LOI) e *memorandum of understanding* (MOU) **119**
25. Termos econômicos do *term sheet* **121**
26. Termos de controle do *term sheet* **137**
27. Demais termos da *term sheet* **147**

PASSOS ANTES DO APORTE DE RECURSOS

28. Auditoria (*due diligence*) **159**
29. Reorganização societária **161**
30. Contrato de mútuo conversível, acordo de investimento ou contrato de compra e venda **163**
31. Acordo de acionistas **167**
32. Assinatura (*signing*), fechamento (*closing*) e pós-*closing* **169**

A VIDA DA EMPRESA APÓS O INVESTIMENTO

33. Início da vida com os fundos: o que fazer ou não fazer tendo um fundo como sócio **173**
34. Os fundos não irão ajudá-lo a fazer novas captações, o problema continua a ser do empreendedor! **177**
35. Possibilidades de *exit* **183**

CONCLUSÃO

MÉTODO 1EM100 E-CAPTEI **189**

36. O Mercado Brasileiro de Startups **191**
37. Para quem é o Método 1em100 do e-captei **193**
38. Introdução ao Método e-captei **197**
39. Divisão dos módulos do Método e-captei **201**
40. Considerações finais **213**

BIBLIOGRAFIA **217**
ÍNDICE **219**

PREFÁCIO

CARTA ABERTA AO AMIGO LEO

Amigo Leo,

Deixa te contar um causo.

Era março de 2000 e a bolha da internet ainda estava no auge, prestes a estourar. Eu e meus sócios do Buscapé já tínhamos obtido um investimento seed e sentíamos que era a hora de acelerar um novo road show para captar uma rodada mais encorpada que garantisse a sobrevivência do negócio, que, naquela altura, como toda startup nos primeiros anos, ainda consumia muito caixa.

Fomos convidados para uma conversa em São Paulo com um diretor da Merrill Lynch, e depois de concluirmos nosso pitch, ele nos fez o convite:

"Vocês precisarão agora fazer uma reunião para apresentar o deck ao diretor-geral."

Sem hesitar, respondi: "Ok, claro."

"A reunião será em Nova York."

"Ah, ok, sem problemas."

"Já está agendada para quinta, às 15h."

"Perfeito. Vamos comprar as passagens e te retornamos."

"É melhor olhar agora. Quinta é amanhã!"

E nós achando que seria na quinta-feira da outra semana. Bateu aquele desespero e foi um corre-corre. Em poucas horas, tínhamos que encadernar o business plan, arrumar as malas e voar pro aeroporto. Chego em casa ofegante e anuncio aos meus pais:

"Pai, mãe, estou indo a trabalho pra Nova York!"

"Ai, que bacana, filho!", exclamou minha mãe.

Eu nunca tinha feito uma viagem internacional a negócios. Somente tinha ido ao Rio de Janeiro uma vez para uma reunião.

"E quando você vai?", perguntou ela com toda calma do mundo.

"Mãe, você não está entendendo! Tenho que ir pro aeroporto agora à noite! Preciso arrumar as malas agora! Minha reunião lá é amanhã!"

Ela, surpresa e exaltada, chamou a atenção do meu pai: "Romero, você viu só? O Romerinho vai pra Nova York amanhã e não nos fala nada! Ele não participa mesmo da família!"

Naquela hora, caiu minha ficha sobre a distância entre o que estava acontecendo no Buscapé e como minha mãe enxergava nossa startup. Para ela, talvez tudo não passasse de uma grande brincadeira de garotos que achavam que tinham uma empresa de verdade.

Eu tinha 21 anos. Mal sabia como desenhar um plano de negócios e, da noite para o dia, tinha que desembarcar em Nova York para vender nossa startup para um dos maiores bancos de investimentos do mundo.

Bem, ao final, tudo deu certo (além de competência, um empreendedor precisa sempre contar com uma boa dose de empatia e sorte) e conseguimos fechar a rodada.

Leo, lembrei deste causo enquanto lia estas próximas páginas escritas por você, que, como bom mineiro, tem de sobra duas habilidades que também julgo ser essenciais para quem se atreve a embarcar na perigosa e excitante jornada empreendedora: serenidade e resiliência.

Amigo, se eu tivesse este guia em mãos, certamente nossa batalha por capital de risco teria sido bem menos conturbada. Hoje, como investidor, estou do outro lado da mesa, mas assim como você, já suportei as pesadas vestes de empreendedor e sei bem quantas noites de sono perdi preocupado se as contas fechariam e se conseguiríamos o aporte necessário para não ser mais uma startup a jogar a toalha. E olha que não foram poucas as vezes que quase baixamos as portas.

Com um texto absolutamente didático, seu livro, como você mesmo diz, "desnudou os investidores" e ensina, passo a passo, como preparar uma startup para levantar recursos. Você nos brindou com um livro de cabeceira voltado para qualquer empreendedor que precise acessar o mercado de investimentos para escalar seu negócio.

E não haveria ninguém melhor do que você, Leo, para escrever esta cartilha.

Quando te conheci, logo vi que tinha sangue nos olhos, alma de empreendedor. Você nunca demonstrou medo em apostar nas suas ideias e passou por desafios e pesadelos inimagináveis mesmo para os mais inabaláveis dos empreendedores.

Recém-formado, ajudou seu pai a administrar o fechamento do negócio familiar. Apostou no modelo de loteria online, quando chegamos a ser sócios na Loteria Brasil, e enfrentou o jogo pesado estatal para garantir seu direito de empreender e de livre concorrência.

Começou a Bebê Store numa casinha e rapidamente, mesmo enfrentando uma forte concorrência, conseguiu atrair grandes investidores e abocanhar o

PREFÁCIO ▸ 11

principal competidor, que chegou a ser muito mais capitalizado. Lutou com todas as suas forças até transferir o comando do negócio aos investidores.

Não te faltaram perrengues em sua trajetória, não é mesmo?

E são eles, os perrengues, que anabolizam nossa paixão por empreender. Acertar, errar, não desistir, vencer, fracassar, insistir. É essa a vida do empreendedor que você, de forma excepcional, ajuda com suas dicas valiosas ao desmitificar o universo do capital de risco.

Não somente a resiliência, mas sua habilidade de adaptação sempre me impressionou. Lembro bem das longas reuniões noturnas que tivemos discutindo um projeto que não chegou a vingar, mas que nos permitiu fazer trocas riquíssimas sobre as dores e alegrias de empreender no mundo digital.

Depois de nossa trajetória como CEOs, assumimos a missão de apoiar o ecossistema de startups, eu como investidor, e você como um mestre. Estamos juntos nessa!

Se você, leitor, nutre o mesmo sonho de construir um negócio de sucesso e precisa captar investimento, este livro é pra você. Nada melhor do que aprender com quem já viveu tudo que o Leo viveu. Boa leitura e muito sucesso na tua jornada!

Abraços, amigo.

Romero Rodrigues é cofundador do Buscapé
e sócio da Redpoint eventures.

PREFÁCIO

DO ZERO AO EXIT

Era 2004, e eu ainda estava na faculdade. Cursava Marketing na ESPM do Rio e comprei, com meu primeiro salário de estagiário, um celular colorido, Nokia modelo 6225. Era um sucesso na turma, pois ninguém tinha um daqueles.

Minha primeira reação foi baixar um joguinho novo e mais empolgante, já que o celular só vinha com um joguinho, o da cobrinha (só os mais velhos saberão do que estou falando). O único lugar em que era possível comprar um novo jogo era no site da própria operadora, mas eram poucas as opções disponíveis. Instintivamente, comecei a buscar na internet quais eram as empresas que desenvolviam e distribuíam jogos para as operadoras de telefonia celular fora do Brasil. Acabei encontrando uma empresa chamada Brainstorm e negociei para representá-los aqui na América Latina, pois a janela de oportunidade era única (seu eu estava louco para comprar jogos e não havia jogos disponíveis, mais gente deveria ter a mesma dor).

Depois de meses de negociação e uma viagem a Londres, consegui um contrato que me permitia revender os jogos dos gringos por aqui. Agora só faltava uma coisa... dinheiro para começar o negócio.

Para situá-los sobre o ambiente empreendedor que existia naquele momento, informei que não existiam livros sobre empreendedorismo, não se falava sobre startups e não havia muitos casos de sucesso de empresas digitais, pois a maioria havia acabado na bolha da internet no início dos anos 2000.

Eu devia ter uns R$850 no banco e não tinha condições nenhuma de montar um negócio sem a ajuda de alguém. Conhecendo meu pai, sabia que o financiamento não viria dali, por isso pedi para ele que me apresentasse a algum amigo rico que pudesse financiar meu projeto. Ele me apresentou ao Dr. Almir Gentil, que mora em Florianópolis, e lá fui eu vender minha ideia. Em dois dias fechamos uma negociação para que ele investisse, na época, R$100 mil na empresa que estava nascendo, a Samba Mobile.

A Samba Mobile começou a dar certo, saiu de dois funcionários para quarenta em dois anos, mas depois começamos a sofrer pressão das operadoras para reduzirmos nossa margem em cada jogo vendido, o que em algum momento inviabilizaria o negócio. Começamos então a buscar uma solução e percebemos que o mundo estava caminhando para vídeos e que em um futuro próximo a maioria das pessoas iria querer assisti-los pela internet. O ano era 2007, e quem tinha muita banda de internet em casa desfrutava de, no máximo, 1mbps de conexão, o que fazia com que a experiência de ver vídeos na internet fosse lenta e de péssima qualidade.

Naquele ano, contratei o amigo de um amigo para desenvolver nossa plataforma de vídeos online. O objetivo era fazer o que o YouTube fazia, mas vender para quem quisesse competir com o YouTube, como as emissoras de televisão. Criamos o protótipo, e fiquei encarregado de vendê-lo para as empresas de mídia. De 2007 a 2010, conquistamos como clientes oito dos dez maiores grupos de mídia do país, e para que pudéssemos continuar crescendo e investindo em tecnologia, que já era vendida no modelo de software como serviço, precisávamos de mais dinheiro. Acabamos conquistando uma rodada de investimento de quase US$3 milhões de um fundo mineiro chamado Fir Capital, que era coligado ao fundo californiano DFJ (o mesmo que investia no Skype e no Hotmail).

Naquele momento, começavam a surgir outras empresas de internet captando dinheiro de fundos aqui no Brasil e de fora também. Uma delas foi a Bebê Store, do meu amigo Leo Simão, que aparecia como um dos grandes players do e-commerce nacional. Em 2009, no ano em que a Bebê Store surgiu, ganhei o prêmio da *Pequenas Empresas Grandes Negócios* como empreendedor do ano no Brasil, e em 2014, tive a honra de entregar o prêmio para o Leonardo, que estava no auge de seu empreendimento.

De lá para cá, nos tornamos uma das principais empresas focadas na transformação digital de negócios médios e grandes no Brasil, com mais de quatrocentos clientes de quinze segmentos diferentes. Mas olhando para o passado e tentando refletir sobre o que eu poderia ter feito diferente, entendi que, se tivesse a orientação de alguém sobre captação de investimentos, eu teria feito com termos completamente diferentes do que fiz.

É claro que todos os erros me valeram muito, mas se tivesse a oportunidade de ler o livro do zero ao exit naquele momento, as coisas poderiam ser bem diferentes hoje. Eu teria buscado uma diluição menor em cada rodada, negociando de maneira diferente alguns pontos estratégicos.

Mas já que não é possível voltar ao passado, o que recomendo para cada um de vocês é que levem o conhecimento deste livro para a vida. Cada página traz pedaços de uma história real e de aprendizados que podem impactar positivamente a trajetória de novos empreendedores. Além do mais, vocês verão que a vida do empreendedor é cheia de altos e baixos e que a resiliência é a chave para o sucesso do seu negócio!

No mais, aproveitem a jornada e não deixem para buscar a felicidade apenas no final (exit)!

Gustavo Caetano, CEO da Samba Tech,
fundados da ABStartups e Top 5 LinkedIn Influencer.

PRÓLOGO

" Só sei que nada sei."

SÓCRATES

Em meu primeiro livro, *Do zero ao Exit*, publicado em 2020, compartilhei em detalhes minha experiência, com meus aprendizados, erros e acertos ao longo de meus primeiros vinte anos de empreendedorismo, mostrando as metodologias que desenvolvi e apliquei nesse período e que me possibilitaram alcançar os resultados que obtive.

Foram vinte anos em que trabalhei em diversos setores, desde bicos como garçom na Itália até empreender com empresa de reformas, construção civil, exportação de moda, importação, recuperação judicial de empresas, captação de patrocínio, agência de mídia digital, sites de loteria e outros negócios, sendo que alguns deram certo, e outros não. Foram muitas experiências positivas e negativas, em que sempre procurei aprender e utilizar esse aprendizado para os próximos desafios e novos negócios que tive.

Contei o que aprendi tendo saído do zero e transformando a Bebê Store na *empresa líder de mercado no segmento de e-commerce para bebês e consolidadora do mercado brasileiro do setor infantil até a aquisição da empresa Baby, que, juntas, receberam mais de US$125 milhões (cerca de R$510 milhões na data de publicação deste livro) de 23 dos maiores e mais respeitados fundos de Venture capital do mundo, dentre eles: Atomico Venture, Tiger, Accel Partners, Ron Conway, Valiant Capital, Valor Capital, Joá Investimentos, Monashee e outros.*

Resolvi publicar este segundo livro para que todo empreendedor de startup tenha em mãos um manual prático de tudo que ele precisa saber para conseguir atrair e fechar dentro das melhores condições possíveis com um investidor para tirar do zero ou escalar seu negócio.

Explicarei como funciona todo o processo de captação de recursos para viabilizar o sonho de empreender e de alavancar uma startup.

Nesta parte, apresento os principais documentos e termos utilizados no mercado; como pensam os investidores ou fundos de investimento; quais tipos de fundo são ideais para cada tipo de startup; onde encontrá-los; como fazer um *deck* de apresentação; os segredos de um bom *pitch* de vendas; como iniciar e como fechar uma negociação com um fundo.

Passaremos pelos termos jurídicos adotados em um *term sheet*/MOU (proposta de investimento); os desafios e armadilhas de uma DD (*due diligence*); os cuidados necessários durante um processo de *signing* (assinatura do contrato final); os pontos de atenção até o processo do *closing* (recebimento dos recursos); a vida da empresa após receber seu investimento e as possibilidades de *Exit* ou venda de sua startup no futuro.

Para isso, utilizarei não apenas os conhecimentos adquiridos por meio do estudo de dezenas de livros, cuja leitura indicarei no decorrer da narrativa, mas principalmente aqueles conquistados mediante a prática vivida, para que você consiga não apenas entender os conceitos anteriores, mas também o impacto que cada decisão pode ter no sucesso ou fracasso de sua empresa.

Ao final, apresentarei um caminho e uma metodologia que criei, chamado **Método 1em100 do e-captei**, em que ensino tudo o que aprendi sobre a arte de empreender começando do zero e dou um passo a passo detalhado para que você também consiga escalar e preparar sua startup para o sucesso.

Espero que você se divirta aprendendo.

Está pronto para começar?

A CAPTAÇÃO É COMO UM JOGO DE XADREZ

1

COMO VENCI UMA GUERRA COMPRANDO UM PACOTE DE FRALDAS POR MÊS

Antes de entramos na parte prática, quero te contar como literalmente venci uma guerra comprando um pacote de fraldas por mês, e como você também pode aplicar essa técnica na sua empresa.

Em 2009, em um pequeno sobrado no bairro Pompeia, em São Paulo, abri a Bebê Store, que cinco anos depois viria a se tornar a líder do e-commerce de produtos para bebês do Brasil... mas na época eu não tinha a menor ideia de que isso aconteceria.

Eu tinha então 32 anos e resolvi abrir a empresa na cara e na coragem com umas poucas economias que tinha na época, acreditando em um sonho de conseguir criar do zero e fazer crescer aquela empresa.

As coisas estavam se desenvolvendo bem e crescendo pouco a pouco, com uma cultura totalmente focada em dar o melhor serviço e os melhores produtos para as mães e seus bebês.

No entanto, em 2011, recebemos uma notícia que caiu como uma bomba para nós!

Estavam vindo para o Brasil três norte-americanos formados em Harvard que haviam ganhado da universidade o prêmio de melhor plano de negócios de sua turma.

Com o carimbo de Harvard, eles conseguiram, apenas com uma apresentação em PowerPoint, US$5 milhões em investimentos de alguns dos maiores fundos de Venture Capital dos Estados Unidos, dentre eles os famosos fundos Tiger e Accel.

O novo empreendimento era um e-commerce de produtos para bebês no Brasil que viria a se chamar Baby, e teria ainda como sócia e garota propaganda da marca a apresentadora Angélica, esposa de Luciano Huck.

Eu e Juliana, na época minha esposa e também sócia no negócio, ficamos em pânico com a notícia.

Nosso negócio era ainda muito pequeno e muito frágil, e não teríamos a menor condição financeira de enfrentar um grande concorrente internacional tão capitalizado e contando, ainda, com a imagem e o poder do casal querido da Rede Globo.

Um e-commerce é um segmento de negócios extremamente competitivo, que demanda muito recurso e muita escala até gerar lucros. Quanto mais você cresce, mais dinheiro precisa para estoque, para infraestrutura, para marketing e para o fluxo de caixa da empresa.

Eu já estava estrangulado, sem capital para manter a empresa viva, e já havia me endividado com alguns amigos.

No entanto, resolvi apostar tudo o que tinha naquele sonho. Vendi o apartamento em que morávamos e nos mudamos em uma casa alugada, com nossos dois filhos gêmeos, que tinham, na época, menos de 1 ano de idade.

Como dizemos no Poker, dei um "All In". Investi todo o valor da venda do apartamento no negócio. Se desse errado, eu estaria quebrado.

Mesmo assim, sabia que o valor não seria suficiente. Depois de quitado o financiamento com o banco, nos sobraram menos de R$300 mil... e nossos concorrentes estavam iniciando já com quase R$15 milhões, pelo câmbio da época.

Eu precisava ganhar tempo, para que também conseguisse um investidor que acreditasse em nosso potencial e investisse os recursos de que precisávamos para prosperar nosso negócio.

Tínhamos, ainda, um segundo grande problema: eu não conhecia nenhum fundo, nenhum investidor e não tinha a menor ideia de como funcionava um processo de captação de recursos.

Nunca tinha feito aquilo antes, e tampouco conhecia alguém que já tivesse feito e que pudesse me ensinar como fazer.

Consegui no LinkedIn o contato do empreendedor norte-americano David, que seria o CEO da Baby, e entrei em contato com ele para propor uma sociedade. Em vez de abrirem uma empresa do zero, eles poderiam entrar como sócios na nossa empresa e aproveitar nossa base e estrutura, que, apesar de muito modesta, já estava operando havia quase dois anos. Ele não topou.

Tive, então, que iniciar um estudo exaustivo sobre esse novo mercado de investimentos.

Li dezenas de livros e artigos sobre como elaborar um plano de negócios, como funcionava o mercado de investimento e de fundos dentro e fora do Brasil, como abordar, apresentar e como negociar.

Era um mundo novo para mim, e eu tinha apenas noventa dias para não apenas aprender tudo sobre esse novo universo, mas também para conseguir um investidor e salvar minha empresa antes que meus recursos acabassem.

Montei todo o meu plano de negócios (conhecido no meio como *Business Plan* ou deck de investimentos) e investi a maior parte de meu tempo tentando agendar reuniões com potenciais investidores.

Sessenta dias após eu ter iniciado o processo e dezenas de reuniões depois, eu havia finalmente conseguido receber minha primeira proposta de investimento, também conhecida como *Term Sheet*!

O fundo Atomico liderado por Niklas Zennström, mítico fundador do Skype, que conseguiu vender sua empresa para a Microsoft por

US$8,5 bilhões, havia se interessado por minha pequena empresa fundada em um sobradinho no bairro Pompeia, em São Paulo.

Eu quase não acreditei quando finalmente recebi a proposta oficial após três semanas de negociações intensas em que tive que ir até Londres para conhecê-lo pessoalmente. **Parecia um sonho!**

Deste ponto em diante, foram mais quarenta dias intensos de um processo de auditoria (também chamada de *Due Diligence*) e da discussão e elaboração dos contratos finais de investimento que seriam assinados entre nós.

Assinamos tudo no dia 22 de dezembro de 2011.

O volume que conseguimos captar foi a metade do valor recebido pela Baby até aquele momento, mas uma montanha de dinheiro para mim.

Eu sabia que a guerra comercial com a Baby pela consolidação do mercado não seria fácil, e teríamos que fazer com cada real o dobro do que eles faziam para nos mantermos à frente.

Foi então que adotei a estratégia de comprar do nosso concorrente um pacote de fraldas (a um custo de R$20,00) todos os meses.

Quando você está crescendo uma startup a uma grande velocidade como era o nosso caso, a empresa mais do que dobra de tamanho a cada doze meses, existe uma necessidade constante de novos investimentos. E, por isso, o processo de captação não é um evento único. O empreendedor é obrigado a fazer algumas rodadas de captações para assegurar os recursos necessários para ganhar o mercado rapidamente.

Eu faço sempre uma analogia do lançamento de uma startup com o lançamento de um foguete.

Para lançar um foguete no espaço, é necessária uma enorme quantidade de combustível, até que ele vença a gravidade da Terra e entre em órbita. No entanto, quando ele já está no espaço, devido ao vácuo, o consumo de combustível é mínimo, e assim ele segue sua jornada com muito menos esforço.

Do mesmo modo que um foguete, uma startup consome muito recurso até que consiga atingir seu ponto de equilíbrio entre o crescimento e o lucro.

Voltando à estratégia da compra do pacote de fraldas...

Com o pacote de fraldas que comprávamos, vinha a nota fiscal. Eu olhava o número da NF e comparava com o do mês anterior, e assim eu sabia quantas vendas eles haviam feito no mês.

Pelo mix de produtos da homepage do site deles, eu conseguia estimar o ticket médio que eles faziam. E multiplicando esse valor pela quantidade de NF, eu consegui ter o faturamento médio que eles faziam.

Eu sabia, pelo mercado e pelas notícias, a quantidade de funcionários em sua equipe e tinha também uma boa referência de seus custos fixos e de marketing. Quanto aos custos dos produtos vendidos, eu sabia que eram iguais aos meus.

Assim, eu conseguia ter uma boa estimativa de quanto eles "queimavam" de caixa por mês e por quanto tempo os recursos captados durariam.

Portanto, eu sabia quando eles fariam um novo *Road Show*, como é conhecido um processo de captação.

A captação de investimentos para startups é como um jogo de xadrez: além de focar sua jogada, você deve antecipar a jogada do seu oponente.

O mercado de *investidores de startups*, sejam eles investidores-anjo, semente ou fundos de Venture Capital (VC), é um mercado muito pequeno, em que todos se conhecem e trocam informações entre eles.

Não existe muito segredo nesse meio.

Portanto, o conhecimento sobre a performance de meu concorrente, era fundamental para aumentar minhas chances de superá-lo e conseguir, assim, convencer os potenciais investidores a escolher nossa empresa para seus investimentos, em vez daquela do concorrente.

Essa estratégia era presente em tudo o que fazíamos.

Na gestão da empresa, fazíamos mais com menos, com total foco em performance e na qualidade de nossos serviços.

Nosso plano de negócios e deck de captação era focado em enfatizar nossa melhor performance frente ao nosso concorrente.

O timing da captação, o agendamento das reuniões, era feito de maneira a maximizar nossas chances de sucesso em relação à Baby.

Foi um período de muito trabalho e muito aprendizado, em que foram investidos centenas de milhões em ambas as empresas.

Até que, em março de 2014, conseguimos finalmente adquirir a Baby e nos consolidar como os líderes do mercado online de produtos para bebês.

Quando fomos comparar os números que havíamos estimado com os números reais, descobrimos que nosso erro nas estimativas mensais que fizemos durante os três anos eram inferiores a 2%.

Os 36 pacotes de fraldas que compramos durante os três anos foram uma peça fundamental para nos fornecer as informações de que precisávamos para vencer aquela luta!

Se você já tem ou está abrindo uma nova empresa, seja ela uma startup de tecnologia ou uma empresa tradicional, conhecer sua concorrência será decisivo para que você defina uma estratégia vencedora.

Quando se precisa captar recursos com investidores ou fundos de investimento, um dos principais fatores de preocupação abordado é sempre a capacidade de a empresa investida conseguir estar à frente no mercado e a capacidade do líder da empresa de manter essa vantagem competitiva.

Além dessa estratégia, existe uma série de outros fatores fundamentais para que um empreendedor consiga ter sucesso em seu novo empreendimento e, quando necessário, ter também sucesso na captação dos recursos necessários para vencer em seu negócio.

A pergunta agora é: qual é o **"pacote de fraldas"** de sua estratégia?

A
CAPTAÇÃO

"Coragem é a resistência e o domínio do medo, não a ausência dele."

MARK TWAIN

INTRODUÇÃO À CAPTAÇÃO

Vamos agora começar a entender o processo de captação de investimentos. Aqui explicarei como funciona todo o processo de captação de recursos para a sua startup ou empresa de tecnologia. Deixarei os termos sempre em português e em inglês, para facilitar a pesquisa e o aprendizado, caso venha a captar com um fundo estrangeiro. No conteúdo de nossa comunidade *e-captei*, apresento uma versão de *term sheet*, entre outros documentos, para que você possa ver como são na prática.

Estão disponíveis uma série de blogs, artigos, a própria legislação e alguns livros excepcionais que li para embasar e abordar este tema da forma mais simples possível. Entre os melhores livros que li e recomendo para quem desejar se aprofundar mais, estão estes: *Venture Deals: Be Smarter Than Your Lawyer and Venture Capitalist*, de Brad Feld e Jason Mendelson, da editora Wiley; *Venture Capital Investing: The Complete Handbook for Investing in Private Businesses for Outstanding Profits*, de David Gladstone e Laura Gladstone, lançado pela editora Financial Times Prentice Hall; *Raising Venture Capital for the Serious Entrepreneur*, de Dermot Berkery, da editora McGraw-Hill Education; *Mastering the VC Game: A Venture Capital Insider Reveals How to Get from Start-up to IPO on Your Terms*, de Jeffrey Bussgang, da editora Portfolio.

2

CAPTAÇÃO DE INVESTIMENTO

O que significa captar recursos ou receber um investimento? Significa que você está vendendo uma participação de sua empresa em troca de um investimento a ser feito para que ela possa crescer. Isso é muito diferente de pegar uma dívida no banco, porque o investidor assume o risco em troca de uma participação na empresa. Se o negócio não der certo, você não fica devendo ao investidor.

Preste sempre muita atenção aos "fundos" que venham a oferecer um investimento em sua empresa, mas que querem que você seja garantidor do investimento. Isso não é investimento de risco, mas agiotagem disfarçada!

Além disso, significa que, ao receber o investimento, você passará a ter um sócio extremamente exigente, que aportou recursos financeiros próprios ou de terceiros e que, por isso, espera um retorno financeiro satisfatório dentro de um prazo máximo esperado. O retorno financeiro esperado deve ser sempre superior a uma aplicação financeira de baixo risco.

A partir do momento em que o empreendedor fez sua primeira captação de recursos, passa a existir uma contagem regressiva, em que sua empresa terá que necessariamente, em algum momento, dar saída para aquele investidor.

Quando corre bem e a saída acontece, seja ela via um M&A (*Merge and Acquisition,* venda para outra pessoa) ou via um IPO (*Inicial Public*

Offer, abertura de capital na bolsa), você, como empreendedor, provavelmente "perderá" sua empresa ou seu comando dentro dela na maior parte das vezes. É verdade que, nos casos de sucesso, você sairá com dinheiro no bolso, mas dificilmente permanecerá na empresa após o evento.

É muito importante ter consciência de que, a partir da entrada de um fundo investidor, seu ciclo na empresa terá fim, salvo poucas exceções, como Bill Gates, Mark Zuckerberg, Sergey Brin e outros poucos. O próprio Steve Jobs foi demitido da Apple, empresa fundada por ele, para futuramente ser recontratado quando a companhia estava praticamente quebrada e executar o que foi provavelmente o maior *turnaround* da história moderna. Recomendo a leitura da biografia *Steve Jobs*, por Walter Isaacson.

Quando o dinheiro é captado com fundos de *venture capital*, sua empresa terá sempre um começo, um meio e um fim para você. Esse ciclo, na maior parte das vezes, não excede oito anos (prazo de duração de um fundo, que será detalhado mais à frente) e, na maior parte dos casos, gira em torno de, no máximo, cinco anos.

Se sua intenção é construir uma empresa que lhe garanta crescimento e renda estável em longo prazo, captar recursos com fundos não é o melhor caminho. No decorrer dos próximos capítulos, você entenderá o porquê.

Outro ponto importante sobre o qual sempre me perguntam é: por que os fundos, na maior parte das vezes, só investem em empresas que tenham tecnologia envolvida? Se eu quiser simplesmente abrir um negócio tradicional de comércio, indústria ou varejo, eles não têm interesse também?

A resposta para essas perguntas é a seguinte: o que investidores de risco (*angels*, fundos de VCs) buscam é um retorno rápido com um múltiplo de três, quatro ou até dez vezes o investimento. Esse tipo de retorno só acontece, na maior parte das vezes, com empresas que tenham ideias inovadoras, em que a tecnologia ou biotecnologia desenvolvida por elas possa alcançar rapidamente um grande número de consumidores. As empresas de internet são o grande Eldorado dessas possibilidades, assim como as empresas de biotecnologia. Nessas companhias, quando o produto tem qualidade, uma boa gestão e recursos, é possível produzir em poucos anos (cerca de quatro) um crescimento exponencial e, com esse crescimento, os ganhos dos investidores em relação ao capital investido.

Já nas empresas tradicionais, dificilmente é possível atingir o mesmo ganho de escala, uma vez que os produtos ou serviços são *commodities* e têm muitos concorrentes com produtos similares. Naturalmente, para os negócios tradicionais, que já são grandes o suficiente e geram lucros, os fundos de *private equity* têm interesse. Mas esse investimento busca prioritariamente receber uma parcela dos lucros anuais das empresas, e não apenas a valorização da empresa em si. No próximo capítulo, explicarei a diferença com mais detalhes.

3

TIPOS E PERFIS DE INVESTIDORES

Os investidores são divididos de acordo com o perfil e o momento da empresa. Resumidamente, temos as seguintes categorias: amigos e familiares (*friends and family*); investidores-anjo (*angel investors*); investimento-semente (*seed money*); fundo de investimento de risco (*venture capital funds*) e fundo de investimento privado (*private equity*).

Toda essa variedade de nomes é um fenômeno recente. Há quinze anos, talvez menos, todos eles, com exceção dos *friends and family*, eram simplesmente chamados de fundos de *venture capital*. As nomenclaturas foram criadas aos poucos para ajudar a diferenciar o perfil de investimento de cada um.

A grande diferença entre eles é o momento da empresa em que investem. O investimento vindo dos *friends and family* e dos investidores--anjo acontecem nos estágios iniciais da empresa (*early stage*), quando a pessoa tem apenas a ideia e nada mais.

O investidor de *seed money* entra geralmente em um estágio intermediário, quando a empresa está migrando da fase *early stage*, e caminha para a fase de crescimento (*growth*). Nesse momento, já existe um protótipo do produto funcionando, com alguns clientes ativos, e a empresa já está constituída, com alguns funcionários contratados.

Os fundos de *venture capital* atuam nos estágios mais avançados de crescimento (*accelerated growth*), quando o modelo da empresa já está provado e a empresa está rodando com uma quantidade de clientes, precisando apenas injetar recursos para ganhar mercado.

Por fim, os fundos de *private equity* apenas investem em empresas maduras (*mature state*), consolidadas e lucrativas, mas que ainda têm grande potencial de permanecer crescendo de maneira sustentável. Veja o gráfico:

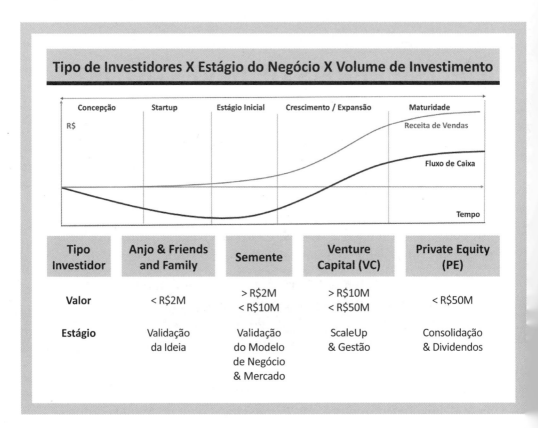

Fonte: Elaborado por ecaptei.com.br.

Essa diferença de estágio influenciará no valor mínimo e máximo que cada tipo de investidor geralmente faz, e esse seria seu perfil ideal de investimento (*sweet spot*). Com o volume adicional de recursos, aumenta também a burocracia exigida para o investimento, gestão e governança da empresa.

Apesar de muito usual, essa divisão não é uma lei escrita, e muitas empresas iniciam direto com *venture capital*, como foi meu caso com a Bebê Store, em que investi recursos próprios nos primeiros dois anos.

4

AMIGOS E FAMILIARES
(*FRIENDS AND FAMILY*)

Na primeira categoria, estão os amigos e familiares, como o próprio nome diz. Esse é o modelo tradicional, em que a maior parte das pessoas inicia um empreendimento quando não há capital próprio, o que é o caso da grande maioria dos jovens que abrem empresas de tecnologia.

Nessa fase, o formato geralmente é muito simples: é elaborado um plano de negócios (*business plan*) em PowerPoint e/ou algum protótipo do produto. Esse formato é baseado na confiança do amigo ou parente da figura do empreendedor.

Se a empresa está aberta, costuma-se fazer um contrato simples de investimento em troca de um percentual da empresa, que foi negociado entre as partes.

É importante, no entanto, ressaltar que, tanto para a segurança da startup como para a segurança jurídica dos investidores, deve ser feito um bom contrato com molde na lei de investimento-anjo, regulamentado pela Lei Complementar n. 155/2016.

5

INVESTIDOR-ANJO
(*ANGEL INVESTOR*)
E INVESTIDOR-SEMENTE
(*SEED INVESTOR*)

Essas duas categorias são muito similares, e a única diferença é que geralmente os investidores-anjo entram em estágios um pouco mais iniciais e têm um *ticket* de investimento menor do que o investidor de *seed money*. Enquanto o investidor-anjo dificilmente passa de R$1 milhão, o investidor-semente alcança valores maiores, mas eles muitas vezes se misturam em função e valor de investimento.

O investidor-semente tende a ser um pouco mais estruturado, mas para qualquer efeito prático e jurídico, não existe diferença entre eles. Muitas vezes, você poderá encontrar um investidor-anjo muito bem estruturado e um investidor de *seed money* totalmente desorganizado em seu modelo de atuação.

Segundo a Anjos do Brasil — organização sem fins lucrativos, com o objetivo de fomentar o crescimento do investimento-anjo para o apoio ao empreendedorismo de inovação brasileiro —, o investimento-anjo é efetuado por pessoas físicas, com seu capital próprio, em empresas nascentes, com alto potencial de crescimento (as startups), e apresenta as seguintes características:

> É efetuado por profissionais (empresários, executivos e profissionais liberais) experientes, que agregam valor para o empreendedor com seus conhecimentos, sua experiência e sua rede de relacionamentos, além dos recursos financeiros; por isso é conhecido como *smart money*.

> Normalmente, resulta em uma participação minoritária no negócio.

> O investidor não tem posição executiva na empresa, mas apoia o empreendedor atuando como mentor/conselheiro.

Existe também o investimento com recursos de terceiros feito por fundos de investimento e similares, mas ainda com *tickets* menores.

O investidor-anjo e o investidor-semente geralmente são pessoas não necessariamente milionárias, mas que já conseguiram ser bem-sucedidas nos negócios e na carreira e que são entusiastas de empresas de tecnologia com alto potencial de retorno. Para esse fim, convidam outros amigos para formar um volume maior de recursos a serem investidos em múltiplas empresas, visando aumentar as chances de que alguns dos investimentos deem o retorno esperado e superem a perda dos que não vingarão.

Além dos recursos investidos, os investidores-anjo prometem também um aporte de conhecimento e *network* para auxiliar o empreendedor a expandir o negócio e a buscar mais investimentos em um segundo momento.

O investimento em uma empresa normalmente é feito por um grupo de dois a vinte investidores, sempre definindo um ou dois como líderes responsáveis por acompanhar determinado projeto.

LEI COMPLEMENTAR N. 155/2016 — INVESTIMENTO-ANJO

Nos Estados Unidos e em outros países, a legislação protege bem os investidores passivos, sejam eles *friends and family*, investidores-anjo ou VCs, no caso de quebra ou inadimplência da empresa. Essa legislação, bem desenhada, foi a base do que possibilitou existirem lugares como o Vale do Silício, na Califórnia, e os centros de tecnologia de Israel, Ásia, Europa e de várias outras localidades mundo afora consideradas berços da inovação e do desenvolvimento tecnológico.

O raciocínio por trás dessas leis é muito simples. Para inovar, é preciso investir e arriscar, afinal, grande parte das empresas não prosperam. Um estudo realizado pela aceleradora Startup Farm aponta que 74% das startups brasileiras fecham após cinco anos de existência, e 18% delas antes mesmo de completar dois anos. Portanto, para conseguir pessoas e fundos interessados em investir, é necessário que eles tenham ao menos a garantia de que o limite da perda que terão é o valor investido.

No entanto, no Brasil, essas seguranças não existiam até recentemente, e o investidor poderia ser exposto a situações bizarras. Por exemplo: o tio do empreendedor, que com muita boa vontade acreditou no projeto e resolveu colocar R$100 mil para ajudar a começar a empresa, poderia estar jantando em um restaurante com sua esposa e descobrir, na hora de pagar a conta, que o cartão está bloqueado devido a uma ação trabalhista movida por um funcionário da startup do sobrinho. Ou ainda, em casos mais extremos, a empresa poderia estar quebrada e, além dos R$100 mil que o investidor havia colocado, agora precisaria aportar mais R$2 milhões, porque o sobrinho não pode quitar as dívidas da empresa.

Para resolver esses e outros potenciais problemas, foi regulamentada a Lei Complementar n. 155/2016, chamada investimento-anjo.

Em vigor desde o início de 2017, a lei estabelece as regras de funcionamento do investimento-anjo para as microempresas ou empresas de pequeno porte, com a finalidade de incentivar as atividades de inovação e os investimentos produtivos.

Com essa lei, que oferece mais segurança tanto para as startups quanto para os investidores, o ambiente ficou mais propício para que um número maior de fundos e pessoas físicas se dispusesse a arriscar e investir em startups no Brasil. São gerados benefícios para o empreendedor e para o investidor, fazendo a diferenciação entre investimento e participação societária. O investidor-anjo/investidor-semente não se torna sócio da empresa.

Essa distinção representa uma importante garantia para os investidores. Como são apenas investidores, eles não são responsáveis pelas obrigações da empresa e não poderiam, como no exemplo anterior, ser acionados a pagar uma dívida trabalhista ou fiscal da startup. A nova lei informa que não se aplica ao investidor-anjo o art. 50 do Código Civil, que trata das hipóteses de desconsideração da pessoa jurídica. Com isso, o legislador explicita sua intenção de proteger o investidor-anjo e, assim, estimula os investimentos nas startups.

Para o empreendedor, o fato de o investidor-anjo/investidor-semente não ser considerado participante societário garante que o controle da startup continuará em suas mãos. O investidor-anjo não tem direito a interferir na condução da empresa.

A principal beneficiária dessa novidade é a startup, que se vê protegida de interferências externas e, ao mesmo tempo, se torna um ambiente mais seguro para os investimentos.

Para usufruir dos benefícios da lei, é importante que o empreendedor e o investidor-anjo cumpram as exigências nela previstas, e o primeiro requisito legal é a celebração de um contrato de participação entre o empreendedor e o investidor-anjo, com a finalidade de fomentar a inovação e os investimentos produtivos.

A lei estabelece, entre outros, pontos:

1. Os limites à remuneração do investidor-anjo: (i) o prazo máximo para a remuneração pelos aportes feitos é de cinco anos; (ii) a remuneração não poderá ser superior a 50% dos lucros obtidos. Adiante, dou minha posição sobre essa remuneração.

INVESTIDOR-ANJO (ANGEL INVESTOR) E INVESTIDOR-SEMENTE (...) ▶ 41

2. O limite de tempo de resgate do investimento depois de, no mínimo, dois anos do aporte de capital. O objetivo da medida é garantir um mínimo de estabilidade ao empreendedor, impedindo que o dinheiro investido migre a qualquer momento para outro negócio.

3. Que a vigência do contrato de participação não seja superior a sete anos. Trata-se de uma regra em benefício do investidor--anjo, fixando um prazo máximo para que ele realize os ganhos de seu investimento.

4. Em caso de os sócios decidirem vender a empresa, o investidor-anjo terá direito de preferência na aquisição em igualdade de condições com terceiros. É uma medida de proteção dos interesses de quem acreditou primeiro na startup, dando-lhe a oportunidade de comprá-la antes de ser vendida para terceiros.

5. O investidor terá direito de venda conjunta da titularidade do aporte de capital nos mesmos termos e condições que forem ofertados aos sócios regulares (*tag along*).

No entanto, é muito importante estar atento a alguns pontos. Uma coisa é a lei, e outra coisa é a aplicação da lei, que vai de acordo com a cabeça de cada juiz, e por ser uma lei recente, existem atualmente poucas decisões judiciais sobre as regras nela previstas, podendo haver, em alguns casos, dúvidas sobre como será interpretada.

Os fundos também não aderiram totalmente a esse modelo, devido a alguns questionamentos tributários sobre os impostos de ganho de capital por meio desses investimentos que penalizam os investidores--anjo, colocando-os no mesmo patamar de tributação de investimentos de baixo risco. Por esse motivo, muitos ainda optam pela dívida conversível.

DÍVIDA CONVERSÍVEL

O instrumento que vinha sendo muito utilizado para preservar o investidor antes da nova lei de investimento-anjo — e que continua muito usado — é a dívida conversível, que nada mais é do que um instrumento que permite ao investidor emprestar dinheiro para uma startup que está começando, com a possibilidade de converter a dívida em participação na empresa futuramente.

Nesse caso, o investidor se blinda por meio de um modelo de S.A. (sociedade anônima). Caso aconteça algum problema com a startup e o negócio não dê certo, o investidor não participa do capital, estando mais protegido, já que a dívida não tem ligação com a empresa. Além do que, via dívida conversível, há ainda a possibilidade de estabelecer um plano de restituição do valor para o investidor em prestações em caso de não conversão.

MEU PONTO DE VISTA

Como mencionado anteriormente, captar investimentos não é o mesmo que fazer dívidas em banco. Se você está disposto a ceder uma participação de sua empresa, que, diga-se de passagem, é o empréstimo mais caro que existe, o investidor não pode querer participar do bônus, no caso de sucesso, e não ter o ônus, no caso de fracasso da empresa.

Mas diferentemente do que acontece na maior parte dos ambientes propícios à inovação em todo o mundo, alguns investidores-anjo brasileiros quiseram fazer um modelo misto, que funciona assim: se der certo, eles convertem seu investimento em *equity* da empresa, e se não der, cobram o valor do empreendedor, mesmo que o investimento-anjo seja muito divulgado como risco total.

Vejo o contrato de mútuo como uma improvisação ou adaptação à realidade jurídica brasileira, pois a operação real é de investimento, e não de crédito, ou seja, o valor aportado em uma startup por um investidor-anjo profissional jamais deveria ser a título de empréstimo de fato, a não ser que o investidor não saiba o que está fazendo.

Minha dica aos empreendedores é conversar bastante com seus investidores e prever no contrato o vencimento desses mútuos com a possibilidade de prorrogação do vencimento (para que os investidores continuem garantidos do passivo da empresa).

Um modo seria definir no contrato que, no caso de não conversão de debêntures, o empreendedor possa efetuar a recompra desse título pelo valor simbólico de R$1 (um real).

Outra forma de resolver essa situação seria a possibilidade de venda do título da debênture de um fundo para o outro, respeitando as mesmas condições previstas. Não se aventure com "investidores-anjo" que querem te emprestar dinheiro a juros para montar uma startup. Isso é loucura.

Mútuo no investimento-anjo não deve ser tratado como uma promissória. Para quem deseja ter renda fixa, é melhor deixar o dinheiro no banco.

A IMPORTÂNCIA DE UM BOM CONTRATO

Seja seu contrato de acordo com a nova lei do investidor-anjo ou com as debêntures conversíveis, é fundamental que o advogado faça um bom contrato prevendo todas as possibilidades e que expresse adequadamente a vontade do empreendedor e a do investidor-anjo.

No caso de múltiplos anjos, é importante que um ou dois deles sejam eleitos como representantes do investimento, pois, se o empreendedor precisar explicar a mesma coisa diversas vezes para todos os investidores, terá que dedicar uma parte importante de seu tempo a isso. Nunca se coloque na posição de refém de um investidor.

6

FUNDOS DE INVESTIMENTO DE RISCO
(*VENTURE CAPITAL FUNDS*)

O que são os fundos de *venture capital* propriamente ditos? São empresas que captam recursos de terceiros — sejam eles investidores pessoais, bancos, fundos de pensão, *family offices* ou grandes corporações — que alocam esses recursos investindo em empresas dentro de um perfil específico, definido pelo estatuto de cada fundo.

O objetivo é ter retorno/lucro sobre o investimento para conseguir pagar os custos de gestão — ou seja, as pessoas que trabalham no dia a dia para escolher a empresa e gerenciar todo o processo de investimento e acompanhamento do portfólio de empresas investidas — e retornar com lucro os recursos investidos por seus investidores que são chamados de *limited partners*, ou simplesmente LP.

O fundo tem o mesmo trabalho que o empreendedor de captar recursos. A grande diferença é que o empreendedor precisa convencer o fundo a investir em sua empresa, e o fundo deve convencer seus investidores a disponibilizarem recursos confiando que ele selecionará as melhores empresas para investir. No final do dia, todo o mundo tem um patrão!

Conheça agora um pouco da história de como foi criado esse mercado na era moderna e, na sequência, como funcionam esses fundos.

HISTÓRIA DO MERCADO DE *VENTURE CAPITAL*

Na grande maioria dos casos, os investimentos privados, principalmente norte-americanos, estiveram sob o domínio de fortunas individuais e de famílias na primeira metade do século XX. Os Vanderbilts, Whitneys, Rockefellers e Warburgs tiveram papel de destaque nesse início.

Rockefeller investiu na criação das empresas Eastern Air Lines e Douglas Aircraft, entre várias companhias. J. P. Morgan foi também investidor da General Electric (GE), empresa centenária fundada pelo gênio empreendedor Thomas Edison.

Georges Doriot, o pai do capital de risco, fundou a ARDC em 1946 para encorajar os setores de investimentos privados a atuar em empresas que pudessem aproveitar os soldados que retornavam da guerra. A companhia se tornou a primeira a captar recursos de outras fontes que não as famílias ricas após ser bem-sucedida em vários negócios. Em 1957, foram investidos US$70 mil, que posteriormente foram avaliados em US$355 milhões em 1968 (o que representa um retorno de 1.200 vezes, calculado pela taxa interna de retorno).

AS PRIMEIRAS SOCIEDADES DE RISCO E O CRESCIMENTO DO VALE DO SILÍCIO

Um dos primeiros e mais importantes passos para a profissionalização da gestão de capital de risco industrial nos Estados Unidos foi a Lei de Investimentos em Pequenos Negócios, de 1958. Por esse ato, a Small Business Administration (SBA) licenciou as companhias de pequenos investimentos, conhecidas como Small Business Investment Companies (SBICs), para auxiliar no financiamento e gerir pequenas empresas no país.

As firmas de investimentos privados organizaram condomínios de responsabilidade limitada para garantir que os investidores profissionais fossem os sócios gerais e os de participação limitada ficassem passivos e colocassem o capital.

Essa lei foi similar à de investidor-anjo criada no Brasil no final de 2016, mencionada anteriormente. No entanto, a norte-americana foi muito mais bem redigida e criada 58 anos antes da nossa.

FUNDOS DE INVESTIMENTO DE RISCO (VENTURE CAPITAL FUNDS)

Como desde a década de 1970 a maior parte dos investimentos era feita nas áreas de eletrônica, medicina ou tecnologia de processamento de dados, os investimentos de capital de risco se tornaram quase sinônimos de financiamentos de tecnologia.

Em 1971, uma série de artigos intitulados "Silicon Valley USA" foram publicados no *Electronic News*, uma publicação semanal que popularizou o termo "Silicon Valley" (ou Vale do Silício). O crescimento das indústrias de capital de risco foi alimentado pelo crescimento das firmas de investimentos independentes em Sand Hill Road, na cidade de Palo Alto, começando com Kleiner Perkins e Sequoia Capital.

Com o grande sucesso dos fundos de *venture capital* no início da década de 1980, investindo em empresas como Digital Equipment Corporation, Apple, Genentech e HP, o setor se popularizou, e de apenas algumas dezenas de fundos existentes, o número ultrapassou 650 fundos no início da década de 1990. O capital investido saltou de US$3 bilhões para US$31 bilhões no mesmo período.

> Quando estive pela primeira vez em Palo Alto para fazer um **road show** para captar recursos para a Bebê Store, imaginava que a mítica Sand Hill Road fosse uma mega-avenida com grandes prédios onde ficavam os maiores fundos do mundo. Na verdade, não é nada disso. Não passa de uma pacata ruazinha que margeia a Universidade de Stanford, e os edifícios onde ficam os escritórios desses grandes fundos são pequenos prédios de três a quatro andares, com uma aparência superdiscreta e geralmente bem camuflados entre os pinheiros da região.

Hoje, praticamente todas as gigantes da tecnologia levantaram capital com fundos de investimento para financiar seus crescimentos, entre elas Apple, Microsoft, Yahoo, Google, Facebook, LinkedIn, Uber e tantas outras.

7

FUNDOS DE INVESTIMENTO PRIVADO
(*PRIVATE EQUITY*)

Como apresentado no gráfico no início do livro, depois dos fundos de *venture capital*, no próximo e penúltimo degrau, antes de um IPO, estão os fundos de *private equity*, que, junto com os bancos, são responsáveis por boa parte das operações de M&A (fusões e aquisições) de empresas que normalmente têm um faturamento anual superior a R$500 milhões. Nesse estágio, os investimentos envolvem quantias bem maiores, muitas vezes na ordem de centenas de milhões ou bilhões até, e, por isso, os investidores costumam trabalhar com empresas de capital aberto ou que estão prestes a abrir seu capital.

É comum haver confusão entre *private equity* e *venture capital*, mas para que você não tenha nenhuma dúvida, observe que *private equity* são os investimentos feitos em empresas grandes, bem desenvolvidas e em qualquer setor. Já os fundos de *venture capital* têm como prioridade as pequenas e médias empresas com alto potencial de crescimento, na maior parte em segmentos de tecnologia e inovação.

Private equity investe em empresas maduras que geram receita e fluxo de caixa significativos. Já empresas de *venture capital* investem mais cedo na vida de uma organização. Além disso, os fundos de *private equity* são mais passivos em relação à administração, e os fundos de *venture capital* têm participação mais ativa na gestão. Outra diferença é que os fundos de *private equity* têm um portfólio menor de empresas, enquanto os de *venture capital* investem em um volume maior de companhias.

Por fim, os fundos de *private equity* focam empresas que já dão lucro e geram caixa, enquanto os VCs entram ainda em uma fase de queima de caixa da empresa. Por essa questão, quando um fundo de *private equity* calcula um *valuation*, o processo é muito mais direto e feito sobre uma previsão do fluxo de caixa descontado, adicionando uma taxa de risco e de imprevisibilidade.

Vale lembrar que, do mesmo modo que existe uma zona de interseção entre investimentos-anjo e semente ou entre *seed* e VCs, existe também essa interseção entre os fundos de VCs e de *private equity*.

POR DENTRO
DE UM FUNDO
DE *VENTURE*
CAPITAL

"Quando eu deixar de ser o que sou, eu irei me tornar o que poderia ser."

LAO TZU

8

COMO FUNCIONA UM FUNDO?

gora que já vimos os principais tipos e perfis de investidores, nos próximos capítulos focaremos os fundos de *venture capital* e seu funcionamento, uma vez que os investidores-anjo e semente têm, em geral, um funcionamento mais simples ou similar aos VCs, e os fundos de *private equity* entram apenas em rodadas mais maduras e fogem um pouco do perfil das startups que estamos abordando neste livro.

O fundo de *venture capital* é dividido em duas entidades:

> - **A empresa ou firma:** é a empresa gestora do fundo que funciona como qualquer outra, com seus custos fixos e equipe. Ela é responsável pela gestão de todo o processo de busca de empresas para investir, selecionar e gerir sua carteira de investimentos. Exemplos: Sequoia Capital, Andreessen Horowitz, Atomico, Valiant, Redpoint, Rocket. (No conteúdo digital do e-captei, disponibilizo uma lista atualizada com a relação dos principais fundos de *venture capital* estrangeiros e nacionais.)

> - **O fundo:** mecanismo pelo qual as firmas investem em empresas, ou seja, é basicamente uma conta no banco onde fica o dinheiro investido por seus investidores, os chamados Limited Partners (LP), e que deve ser administrado e investido de acordo com as regras preestabelecidas pelo estatuto.

Cada fundo tem sua tese de investimento e define suas prioridades, sendo que o fundo de uma firma pode ter o investimento em empresas de biotecnologia como foco, enquanto um segundo fundo captado pode se concentrar unicamente em mercado mobile, realidade aumentada, inteligência artificial, e-commerce, SaaS (Software as a Service), games etc.

> **Os sócios:** são os administradores da empresa. Fazem seu gerenciamento no dia a dia, decidem em que empresas fazer investimentos, compõem conselhos de administração, além de outras atividades. No entanto, esses sócios seguem uma hierarquia que deve ser compreendida, principalmente se estiver negociando com um grande fundo internacional.

> **Managing director (MD) ou General partner (GP):** estes são os que realmente mandam no fundo. Algumas vezes, os títulos podem vir como "Executive Managing Director" ou "Founding General Partner". Eles são os criadores do fundo e o equivalente aos termos nacionais como diretor-geral, diretor-presidente ou fundador.

> **Principals ou Directors:** são os próximos na hierarquia. Geralmente têm uma participação de sucesso sobre os negócios que trazem e, no futuro, podem se tornar *managing directors*. A opinião deles é fundamental, principalmente durante o processo de seleção, mas a palavra final de investimento pertence a outros.

> **Associates:** se ocupam de funções mais burocráticas, preparam os processos de *due diligence*, memorandos internos e outros processos. Geralmente são profissionais novos e formados em boas universidades, e depois de um tempo, vários deles são indicados para trabalhar nas empresas investidas do portfólio. Podem também, no futuro, se tornar principais.

> **Analysts:** são a base da pirâmide hierárquica. Geralmente jovens, inteligentes e recém-formados, muitas vezes se ocupam principalmente de funções burocráticas e de análises preliminares de documentos enviados. Fazem o primeiro filtro e não têm poder de decisão ou responsabilidades sobre o *deal*.

> **Venture partners, operating partners ou entrepreneurs in residence (EIRs)**: geralmente são empreendedores que, muitas vezes, já tiveram experiências anteriores com o fundo e que têm influência para apresentar novos *deals*, mas dificilmente poder suficiente para fechá-los sem a aprovação de um *managing director*. Esse perfil de profissional existe geralmente em grandes fundos.

Esses são os personagens principais. Em pequenos fundos, geralmente só existem os *managing directors*, enquanto nos grandes fundos pode-se encontrar toda a hierarquia presente.

Naturalmente, é fundamental tratar todos com muito respeito e atenção. No entanto, suas chances de fazer dar certo ocorrem se aproximando dos MD e GP, que são os que tomam as principais decisões. Faça sua pesquisa dos fundos nos sites e nas mídias sociais e converse com os empreendedores que já receberam um investimento. Isso também pode ser feito pelo LinkedIn.

Estrutura de um Fundo

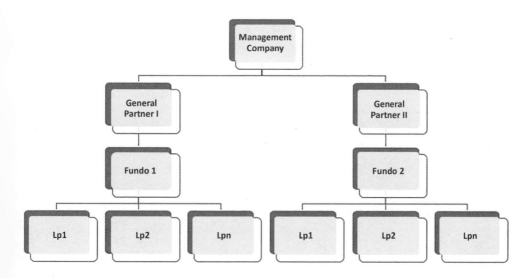

Fonte: Elaborado por ecaptei.com.br.

9

COMO OS FUNDOS DECIDEM INVESTIR?

Investir em startups é um enorme risco, e as possibilidades de fechar, como falado anteriormente, são maiores do que as de triunfar. Então, para compensar esse risco, a única forma de um fundo dar certo é quando alguns dos investimentos são muito bem-sucedidos e conseguem pagar a conta de todos os que deram errado. É preciso sempre investir em algumas pérolas, empresas estas que retornarão o valor investido múltiplas vezes.

Uma teoria interessante é a descrita por Peter Thiel, fundador do PayPal e sócio do Founders Fund, fundo de mais de US$3 bilhões em gestão.

Em seu livro *De zero a um: o que aprender sobre empreendedorismo com o Vale do Silício*, ele explica que o maior segredo de um fundo de *venture capital* é que o sucesso de seu melhor investimento deve igualar ou superar a soma de todos os outros investimentos. Para isso acontecer, existem duas regras fundamentais a serem seguidas. Regra número um: invista apenas em empresas que têm o potencial de retornar o valor total do fundo. Essa é uma regra assustadora, porque elimina a grande maioria dos possíveis investimentos. Regra número dois: como a primeira regra é muito restritiva, não pode haver uma segunda regra.

Para exemplificar esse raciocínio, Peter Thiel conta a seguinte história: em 2010, a firma de *venture capital* Andreessen Horowitz investiu US$250 mil no Instagram. Dois anos depois, ele foi comprado pelo Facebook por US$1 bilhão, rendendo à firma US$78 milhões, um retorno absolutamente espetacular de 312 vezes o capital investido.

Porém, o fundo do qual o Instagram fez parte era de US$1,5 bilhão, e para recuperar apenas esse valor, a firma teria que encontrar "19 Instagrams". Portanto, não se deve apenas acertar, mas também investir fortemente nas campeãs.

10

DE ONDE VEM O DINHEIRO DOS FUNDOS?

Como eu disse anteriormente, os fundos também precisam captar dinheiro, da mesma forma que o empreendedor. Seus investidores geralmente são fundos de pensão, bancos, grandes fortunas, empresas, fundos de universidades, seguradoras e outras instituições, muitas vezes governamentais. Esses investidores são chamados de *limited partners* (LP). Você com certeza não terá contato com esses investidores, a menos que aconteça por acaso. Os nomes deles não costumam ser divulgados, tanto por questões de privacidade quanto por questões contratuais.

Esses investidores separam um pequeno percentual do portfólio de investimento e diversificam uma parte em fundos de VCs em busca de um grande retorno na carteira.

Quando um fundo anuncia que recebeu, por exemplo, US$100 milhões, isso não significa que o dinheiro esteja disponível na conta rendendo juros de mercado. Geralmente eles têm o comprometimento (*committed*) desses investidores de aportarem os recursos à medida que for necessário.

11

COMO OS FUNDOS SÃO REMUNERADOS?

Os fundos são remunerados fundamentalmente por duas fontes:

> *Management fees:* esta taxa de gestão varia entre 1% e 2,5% (do total captado pelo fundo), de acordo com o tamanho do fundo e é paga anualmente à empresa gestora do fundo. Esses recursos são utilizados majoritariamente para pagar os salários e custos fixos da empresa-mãe gestora do fundo.

Esse percentual inicia com um valor maior, e vai diminuindo ao longo da vida do fundo, que varia entre oito e dez anos. Geralmente, um fundo que captou US$100 milhões gastará em torno de 15% ao longo dos seus dez anos de vida, e R$15 milhões dos R$100 milhões captados serão gastos pagando os custos do fundo.

Como todo negócio, a escala gera vantagens, e em termos de empresas gestoras de fundo, quanto mais fundos têm sobre gestão, mais *management fees* são recebidos de cada um dos fundos geridos para pagar seus custos. Como a equipe não costuma crescer na mesma proporção, com a escala adquirida com a gestão de múltiplos fundos captados ao longo dos anos, os *fees* vão se acumulando, sobrando mais recursos para que as empresas gestoras paguem melhores salários e benefícios para os sócios durante a vida do fundo, independentemente do sucesso ou do fracasso dos investimentos.

Naturalmente, se os fundos iniciais não derem um bom retorno, a dificuldade de convencer novos investidores a investir em novos fundos será muito maior. Assim, fica mais fácil entender por que não é muito viável abrir um "pequeno" fundo de investimento. Imagine um fundo de R$10 milhões cobrando um *management fee* de 2,5% ao ano. Esse fundo teria R$250 mil por ano ou apenas R$20.800 por mês para pagar todo seu custo fixo.

> › **Carried interest:** estas são as taxas de performance e é onde está o real valor de um fundo bem-sucedido de *venture capital*. Geralmente, esse percentual é de 20%, mas pode chegar até 30% do retorno gerado pelo fundo. Imagine um fundo que captou R$100 milhões e, ao final da vida, tenha chegado a R$200 milhões com os lucros dos investimentos.

Nesse caso, o investidor teve R$100 milhões de lucro, e o VC receberá R$20 milhões pelo *carry* de 20%, além dos 15% de *fees* que recebeu ao longo dos 10 anos de vida do fundo.

12

A IMPORTÂNCIA DA FASE DE VIDA DE CADA FUNDO PARA SUA EMPRESA

Agora que você já sabe como funciona um fundo, como ele é constituído e quais são os cargos e as denominações hierárquicas dentro dele, é importante entender o ciclo de vida de um fundo e o impacto que cada fase pode ter nas suas chances de receber um investimento.

A vida do fundo é dividida em duas fases principais: a fase de investimento (*commitment period*), que costuma ser de cinco anos, e a fase de desinvestimento, que dura os outros cinco anos da vida do fundo.

Após os cinco anos iniciais da fase de investimento do fundo, ele não pode mais investir em novas empresas, podendo apenas fazer os chamados acompanhamentos ou *follow on* em empresas já investidas.

Quando chegam nesta fase, as empresas gestoras de fundos devem abrir um novo fundo, para continuarem investindo, ou se tornam os chamados "fundos zumbis", que estão abertos, mas não conseguem fazer novos investimentos.

Muitos gestores não admitem estar nessa situação e continuam a prospectar novas empresas, agendando reuniões com empreendedores e não sendo honestos com eles sobre o estágio atual do fundo. Com isso, além de perder tempo, o empreendedor pode perder oportunidades reais ao achar que tem chances de receber investimentos desses fundos zumbis.

A melhor forma de tentar checar esse tipo de situação é descobrir há quanto tempo o fundo não realiza um novo investimento. Se for superior a um ano, há chances maiores de que seja zumbi. Vale perguntar também para os empreendedores das empresas que já receberam investimentos desses fundos. Empreendedores geralmente são abertos e receptivos a passar esse tipo de informação. Eu, pelo menos, sou!

Apesar do fato de que quanto mais no início da vida do fundo, melhor é para o empreendedor, na prática, é muito difícil. Você pode escolher de qual fundo ou de qual momento da vida do fundo receberá seu investimento, mas é importante estar alerta para que o que em um momento possa parecer uma bênção não se torne posteriormente um pesadelo.

13

FLUXO DE CAIXA, INVESTIMENTOS ENTRE FUNDOS, TROCA DE SÓCIOS E OUTRAS QUESTÕES INTERNAS DOS FUNDOS

O dia a dia de uma empresa gestora de fundos de *venture capital* é igual ao de qualquer outra empresa, com seus desafios e suas dificuldades, e como em qualquer outro negócio, o que afeta o ser humano por trás da empresa também afeta a empresa.

Fundos devem administrar seu *cash flow* da mesma maneira que uma startup ou uma empresa convencional. Em alguns momentos, podem ser impactados negativamente por maus investimentos ou, ainda, por investimentos adicionais necessários para salvar alguma das empresas do portfólio. Esse tipo de problema pode impactar negativamente o caixa de um fundo logo no momento em que a empresa precisaria de um novo aporte. O que antes era possível e provisionado pelo fundo para investir, em rodadas adicionais deixa de ser viável.

Em fundos maiores, seus gestores conseguem resolver o problema investindo por meio de outro fundo sob sua gestão. No entanto, mesmo que feito internamente, como explicado anteriormente, cada fundo tem seu sócio-gestor e sua equipe responsável, e conciliar os interesses de todos, principalmente quando as coisas não estão tão bem na empresa investida, é sempre um desafio.

Outra situação que acontece com muita frequência na vida de um fundo é quando um dos sócios do fundo sai da gestão e outro sócio assume aquele portfólio de empresas investidas. Nesse momento podem surgir divergências entre o que o sócio anterior considerava atrativo e aquilo em que o novo sócio que assumiu o portfólio acredita. Pode acontecer de o novo gestor não gostar da tese de uma ou mais empresas do portfólio e com isso não autorizar investimentos adicionais naquelas empresas.

Essas e outras questões internas à vida de um fundo, quando impactam os sócios e a equipe, sempre influenciam diretamente tanto a capacidade quanto a motivação de um novo investimento.

No entanto, isso faz parte da vida de uma empresa e do empreendedor, que deve se esforçar para ter uma conversa franca, sempre que possível, com seus investidores, para entender os reais motivos por trás das decisões, que muitas vezes não farão sentido do ponto de vista externo ao fundo.

VALUATION

QUANTO VALE

SUA EMPRESA

STARTUP

"A estratégia sem tática é o caminho mais lento para a vitória. Tática sem estratégia é o ruído antes da derrota."

SUN TZU

14

COMO UM FUNDO CALCULA O VALOR DE SUA EMPRESA
(OU SEU *VALUATION*)
— *PRE-MONEY* VERSUS *POST-MONEY*?

O termo *valuation* é muito utilizado no mundo do *venture capital*, mas antes de trazer conceitos mais complexos, vamos ao primeiro ponto: o que é *valuation*?

Para responder a essa pergunta, devemos fazer uma avaliação da empresa, também chamada *valuation*. Contudo, é preciso ter em mente que existem inúmeros métodos para calcular o valor de uma empresa, e a escolha do ideal é fundamental para chegar a um valor mais justo para ela.

A decisão de qual metodologia utilizar para fazer um *valuation* exige conhecimento estratégico e técnico, além de que se conheça bem o setor e as condições nas quais a empresa se encontra. O valor final encontrado pode variar dependendo dos métodos de *valuation* utilizados e das premissas usadas no momento da modelagem financeira, como a percepção de mercado e do crescimento da empresa nos próximos anos. Para startups sem geração de receita, a média de negócios do setor, alinhada ao estágio operacional da empresa e o volume captado, é sempre o balizador mais importante. Entraremos nesse tema por último.

PRE-MONEY VERSUS *POST-MONEY VALUATION*

O primeiro ponto fundamental é entender a diferença entre *pre-money* (valor da empresa antes da entrada do capital) e *post-money* (valor da empresa após a entrada do capital).

Quando um fundo faz um aporte na empresa, o que geralmente acontece é a emissão de novas ações. Teremos uma situação em que o dinheiro do investidor é somado ao valor da empresa antes do investimento (*pre-money*), formando o valor final (*post-money*) da empresa.

Imagine uma situação clássica em que o empreendedor A e o empreendedor B tenham fundado uma empresa em que tenham aportado, cada um, R$50 mil. Cada um deles teria 50% da empresa, avaliada em R$100 mil reais, tendo sido emitidas 2 mil cotas a um valor de R$50 cada uma.

CAP TABLE DE CONSTITUIÇÃO DA EMPRESA X

Empresa Startup X Fundação			
Sócios	**Ações**	**Participação %**	**Participação R$**
Sócio A	1.000	50%	50.000
Sócio B	1.000	50%	50.000
TOTAL	**2.000**	**100%**	**100.000**
Valor da ação	50		
Valor da empresa			**100.000**

Após um ano de trabalho no desenvolvimento de uma tecnologia inovadora de inteligência artificial, eles conseguem um *term sheet* de um investidor-anjo que avaliou a empresa X com um valor *pre-money* (valor da empresa antes de os recursos entrarem) de R$3 milhões e que resolveu investir R$1 milhão.

Nesse exemplo, o *post-money* (valor da empresa após a entrada dos recursos) será de R$4 milhões (R$3 milhões do valor da empresa + R$1 milhão do recurso captado). Ao final da rodada, que chamaremos de série A, o fundo terá 25% da nova empresa (R$1 milhão investido é igual a 25% dos R$4 milhões do *post-money)* por meio da emissão de 667 ações a um valor de R$1.500 cada. Observe que a diluição dos fundadores acontece por meio da emissão de novas ações. Antes, o total de ações era de 2 mil. Após a emissão das 667, o total passou para 2.667 ações, cada um com sua participação calculada com relação a esse novo total, conforme a tabela a seguir.

VALOR DA EMPRESA X *PRE-MONEY* ANTERIOR À ENTRADA DO FUNDO

Empresa Startup X Valor da Empresa *pre-money* SÉRIE A				
	Ações	Participação %	Participação R$	Valorização
Sócio A	1.000	50%	50.000	2.900%
Sócio B	1.000	50%	50.000	2.900%
TOTAL	**2.000**	**100%**	**100.000**	
Valor da ação	1.500			
Valor da empresa				**3.000.000**

VALOR DA EMPRESA X *POST-MONEY* POSTERIOR AO APORTE DE R$1 MILHÃO

Nesse ato, os empreendedores que investiram R$50 mil cada um na empresa têm um patrimônio no papel de R$1,5 milhão (por enquanto, é só contrato social; para virar dinheiro de verdade, a empresa precisa ser vendida). Isso quer dizer que houve valorização de 2.900% em relação ao que investiram.

Empresa Startup X Valor da Empresa *post-money* SÉRIE A

	Ações	Participação %	Participação R$	Valorização
Sócio A	1.000	38%	1.500.000	2.900%
Sócio B	1.000	38%	1.500.000	2.900%
Fundo 1	**667**	**25%**	**1.000.000**	**0%**
TOTAL	2.667	1	4.000.000	
Valor da ação	1.500			
Valor da empresa				**4.000.000**

A participação do investidor será sempre uma parcela da soma final das partes, nunca do valor da empresa antes do investimento.

> *Valuation post-money*: R$3 milhões + R$1 milhão = R$4 milhões.

> Participação do investidor: 1 parte de 4 = ¼ = 25%.

15

METODOLOGIAS DE CÁLCULOS DO *VALUATION PRE-MONEY*

P assarei resumidamente pelos três métodos mais comuns para a avaliação de empresas tradicionais que não se aplicam a startups e explicarei o porquê de não se aplicarem. Nos materiais digitais da comunidade e-captei, apresento mais exemplos práticos dessas metodologias.

1) FLUXO DE CAIXA DESCONTADO (EMPRESAS MÉDIAS E GRANDES)

A metodologia de Fluxo de Caixa Descontado (FCD) consiste em trazer a um valor presente a capacidade da empresa de gerar riquezas no futuro mediante uma taxa de desconto denominada *weighted average cost of capital* (WACC), que representa o custo de capital da empresa, adicionando uma taxa de risco definida pelo investidor. É geralmente aplicada em empresas com geração de caixa positiva e que já tenham atingido certa maturidade.

Essa projeção geralmente é analisada pelos próximos cinco anos, podendo ser projetada por mais tempo, variando de acordo com o nível de previsibilidade da receita, ou seja, a solidez de seus resultados históricos.

Como essa metodologia exige previsibilidade e solidez de resultados, podemos perceber que não é adequada para *valuation* de startups, uma vez que esse tipo de empresa não apresenta dados históricos para criar uma projeção confiável, principalmente tratando-se de receita. Além disso, as startups têm um crescimento exponencial em seus primeiros anos. Portanto, até que atinjam a maturidade, suas taxas de crescimento histórico não reproduzem uma projeção futura com a mesma velocidade.

2) MÚLTIPLOS DE MERCADO (EMPRESAS MÉDIAS E GRANDES)

Para calcular o valor de uma empresa utilizando a metodologia de múltiplos de mercado, é necessário fazer uma análise comparativa do desempenho econômico-financeiro de empresas com características similares do mercado, principalmente porte e setor de atuação.

Em geral, essa metodologia é usada quando há ativos comparáveis muito similares e quando é necessária uma análise rápida e de fácil interpretação. Nessa metodologia, são comparados padrões como o múltiplo preço/lucro, unidades vendidas, faturamento e Ebitda (*Earnings before interest, taxes, depreciation and amortization*)[1] dentro de um mercado específico.

Como duas empresas nunca são idênticas, é preciso encontrar companhias com características bem similares, evitando divergências em relação às perspectivas futuras.

Esse é um método mais simples e fácil de utilizar, importante para chegar a uma ordem de grandeza do tamanho de empresas já consolidadas e que costumam gerar um Ebitda positivo. Sua desvantagem é que ele não leva em consideração vantagens competitivas específicas da empresa ou da gestão. A metodologia também não é utilizada para avaliar uma startup.

---

1   Em português, Lajida (Lucros antes de juros, impostos, depreciação e amortização).

3) VALOR PATRIMONIAL

Esta é a metodologia contábil tendo como base a avaliação do patrimônio líquido da empresa. Para chegar ao valor patrimonial contábil de um negócio, é preciso somar todas as contas de seus ativos circulantes (caixa, valores a receber de clientes, despesas antecipadas etc.) e não circulantes (imóveis, máquinas, estoque, equipamentos, veículos etc.). Em seguida, devem-se subtrair as dívidas e outras obrigações presentes no passivo circulante e não circulante (obrigações trabalhistas, fornecedores, obrigações tributárias etc.) da empresa.

Este modelo não leva em consideração a perpetuidade da empresa ou sua projeção de evolução futura e é geralmente utilizado para a compra de empresas em decadência que visam apenas vender seus ativos e sua base de clientes, o que não é o caso de uma startup.

4) MÚLTIPLO DE EBITDA (GRANDES, MÉDIAS E PEQUENAS EMPRESAS)

O múltiplo de Ebitda é também bastante utilizado para comparar a eficiência das empresas dentro de um determinado segmento de mercado. A partir desse índice, é possível fazer uma comparação com empresas do mesmo setor e porte similares dentro de um mesmo mercado.

A utilização do Ebitda para calcular o valor da empresa (Valor Mais Provável de Venda — VMPV) é muito relevante, mas deve ser analisado junto a outros indicadores de desempenho para fornecer uma visão mais apropriada e realista da performance da empresa, visto que esse múltiplo não considera os efeitos de financiamento e de impostos no resultado da empresa.

Mais uma vez, esse método não pode ser aplicado a uma startup, já que não apresenta nem apresentará Ebitda positivo nos primeiros anos de vida. No entanto, à medida que a empresa cresce e gera caixa, a metodologia passa a ser bastante utilizada, principalmente como referência durante uma negociação.

5) MÉDIO DE *VENTURE CAPITAL* (STARTUP)

Em uma startup, todo o raciocínio tradicional não se aplica. Uma startup é uma promessa futura que os empreendedores e os investidores sonham alcançar. Os fatores mais importantes de uma startup são a visão dos empreendedores, aliada a um bom time, com uma estratégia inteligente e um produto inovador.

No entanto, essa empresa, muitas vezes, pode não estar nem constituída e tudo não passar de uma apresentação em PowerPoint. Mesmo quando já constituída, não gera no início nenhum resultado financeiro expressivo, muito menos lucro.

Na tentativa de auxiliar esse dilema e alcançar uma metodologia técnica que conseguisse precificar as startups, a Universidade de Harvard criou o método de *venture capital* para startups, estejam elas já faturando ou não. Nesse modelo, a abordagem faz uma projeção de ganhos quando o fundo fizer o desinvestimento, ou seja, vender a empresa.

A principal avaliação feita pelo fundo é sobre quanto valerá sua participação naquela empresa dentro de um prazo médio de cinco anos e qual será o múltiplo de ganho com relação ao capital investido.

Para chegar ao *valuation* nessa metodologia, serão avaliados os seguintes pontos:

> A necessidade de capital a ser aportado para o desenvolvimento das operações.

> Quantas rodadas de investimento são necessárias para calcular as diluições adicionais durante a vida da empresa.

> As premissas de crescimento.

> A queima de caixa no período.

> Qual a receita projetada para o ano de saída da operação.

> Qual a margem líquida projetada para o ano de saída da operação.

> O múltiplo P/L (preço sobre lucro) do mercado para empresas do mesmo setor, aplicando-se a taxa de desconto que o investidor espera receber daquele investimento.

METODOLOGIAS DE CÁLCULOS DO VALUATION PRE-MONEY

Com base nessas informações, será estimada a margem líquida, a receita e o lucro líquido da operação no ano previsto para o desinvestimento, geralmente no quinto ano.

Feitos esses cálculos, o valor da empresa no quinto ano após o investimento é obtido multiplicando-se o lucro líquido pelo múltiplo P/L. O resultado é, então, trazido a um valor presente com uma taxa de desconto definida pelo investidor.

Esse é o valor *post-money* da empresa. No entanto, ainda não é o *valuation*. Para obter o *valuation* para a startup antes do aporte, é necessário diminuir do valor presente o capital a ser investido. Assim, chega-se ao valor *pre-money*.

Em resumo: o *valuation* da empresa no quinto ano de operação dividido pela taxa de desconto que o investidor espera receber menos o valor do investimento é igual ao valor da startup antes do investimento no valor presente.

6) MÉTODO DE AVALIAÇÃO COMPARATIVO OU *SCORECARD* (STARTUP)

O método de avaliação por *Scorecard* é uma metodologia comparativa determinada pela média dos valores de mercado de startups similares em suas fases de desenvolvimento dentro de um mercado específico.

É uma forma muito mais analítica, quando comparada ao método VC. O método avaliará de forma mais qualitativa os aspectos de um negócio considerados importantes para o avaliador, o que dará pesos para cada um dos pontos, por exemplo:

> O mercado que a startup está inserida.

> A qualidade e experiência do empreendedor e do time dele.

> Os diferenciais do produto.

> As barreiras de entrada.

Uma vez que tenham sido definidos os pesos para cada quesito, o fundo deve pontuar cada um deles da empresa avaliada. Por fim, será feita uma média de cada aspecto e, então, a soma de todas as pontuações. Esse cálculo é feito de acordo com o peso dado para cada fator multiplicado pelo valor médio obtido no início do processo por meio da média das startups do local. Isso ajuda a balancear com demais empresas em grau de desenvolvimento semelhante à analisada para chegar ao *valuation* final para a startup.

Em resumo: a média do valor de mercado das startups semelhantes naquele local vezes a nota obtida, somando os fatores relevantes para o avaliador, é igual ao *valuation* para a startup.

16

COMPARATIVO ENTRE *VALUATION* NO BRASIL VERSUS ESTADOS UNIDOS

gora que você já conheceu algumas das metodologias existentes, tenho algo a dizer. Apesar das várias metodologias explicadas anteriormente, podemos observar um padrão muito similar que é seguido tanto em investimentos no Brasil quanto em outros países, principalmente no estágio de investimento-anjo/semente e de série A.

No Brasil, a grande maioria dos investimentos de anjo/*seed* é feita com um *valuation pre-money* da empresa em torno de R$2 milhões e um aporte de até R$500 mil. Isso leva a empresa a um valor *post-money* de R$2,5 milhões e uma participação média de 20% para o investidor-semente. Confira o gráfico a seguir:

SÉRIE SEED

2.5M Post-Money

2M Pre-money	500k Invest
80%	20%
Empreendedor	Investidor Seed

Já na série A, os investimentos são, em média, próximos de R$2 milhões, podendo ser um pouco menores ou chegar até a R$3 milhões. No entanto, nessa rodada, é muito comum que o investidor da série A solicite que seja criado um *pool* de ações, para a emissão dos *stock options*, com o objetivo de atrair novos talentos para a empresa. Esse *pool*, que geralmente não é menor do que 10%, será criado anteriormente à entrada dos recursos da série A e diluirá adicionalmente a participação dos empreendedores e do investidor-semente.

Observe que, no exemplo a seguir, o *valuation pre-money* foi de R$9 milhões. No entanto, com a emissão do *stock option pool* de 10% de novas ações, os empreendedores são diluídos de 80% da série *seed* para 52%. O investidor-semente, partindo do pressuposto de que não acompanha a rodada, também é diluído de 20% para 13%.

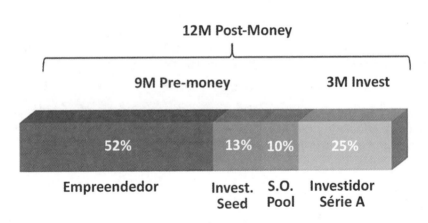

No Brasil, as informações de *valuation*s e valores médios de rodadas são menos organizadas, mas o *site* da Startupi (www.startupi.com.br) costuma ter boas informações. O Anjos do Brasil (www.anjosdobrasil.net) também é uma boa referência.

Já para informações sobre o mercado de investimentos nos Estados Unidos, o PitchBook (www.pitchbook.com) e os dados do Venture Pulse da KPMG são muito bons e fornecem informações detalhadas sobre investimentos e *valuation*.

COMPARATIVO ENTRE VALUATION NO BRASIL VERSUS ESTADOS UNIDOS

Observe no gráfico a seguir, do Venture Pulse, que a média de *valuation* de uma empresa recebendo investimento-semente subiu de uma média de US$3 milhões *pre-money*, em 2010, para cerca de US$6 milhões *pre-money*, em 2018. Já os investimentos de série A subiram de uma média de valor *pre-money* de US$6 milhões, em 2010, para US$20 milhões, em 2018. Esse movimento aconteceu, entre outros fatores, devido à maior profissionalização dos fundos de *seed money* e também ao *boom* de startups nos últimos seis anos.

Global median pre-money valuation ($M) by series (2010–2018)

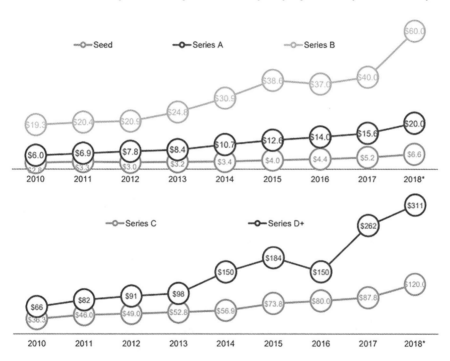

Fonte: Ventura Pulse, Q2'18, Global Analysis of Venture Funding, KPMG Enterprise.

PARTICIPAÇÃO MÉDIA ADQUIRIDA PELO FUNDO INVESTIDOR EM CADA RODADA DE INVESTIMENTO

O próximo gráfico é do PitchBook, que mostra a média de participação adquirida por tipos de investimentos ao longo dos últimos dez anos.

Observe que o investimento-anjo/semente geralmente fica com uma participação em torno de 22%, enquanto os investimentos de série A chegam a 26% em média.

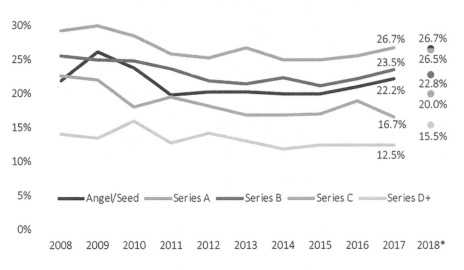

Fonte: PitchBook.

A conclusão é a de que a grande maioria dos investimentos em empresas nos estágios anjo/semente série A e série B é feita em troca de 20% a 30% das ações das startups em qualquer setor que esteja essa startup.

Existem duas razões principais para esse comportamento. O primeiro é o fato de que o investimento precisa ter relevância mínima dentro do portfólio do fundo para justificar o tempo e os recursos destinados a gerenciar esse investimento. O segundo ponto importante é que, com uma participação muito pequena, o fundo não teria muitas opções de controle, seja ela via votos no conselho ou mesmo no acordo de acionista com um pequeno volume de ações.

Por outro lado, os fundos também não querem ser imediatamente majoritários na empresa, deixando os empreendedores com pouca participação e incentivo para continuar a gerir o negócio. Lembre-se sempre de que o ativo principal em uma startup são os empreendedores e o seu time!

17

TABELA DE CAPITALIZAÇÃO
(*CAP TABLE*)

Tenho uma boa notícia para você. Se chegou até aqui, você já sabe o que é uma *cap table*. É a tabela que demonstra as participações dos acionistas que utilizei nos exemplos anteriores.

A *cap table* detalha de modo preciso a participação real de cada um na sociedade. O objetivo de uma tabela como essa é manter todos os integrantes da sociedade na mesma página, para que não existam conflitos de interpretação no momento em que os direitos e as participações estejam sendo discutidos.

Além das porcentagens de participação, a *cap table* precisa apresentar as diluições, o valor do *Equity* em cada uma das rodadas, além de garantias, direitos e opções de cada pessoa dentro do negócio, seja ela fundador, investidor ou funcionário.

No início da empresa, ela é simples, tendo os campos dos sócios iniciais, suas participações, a quantidade de ações emitidas e o valor de cada ação. No entanto, à medida que novas rodadas vão acontecendo, outros investidores com direitos variados vão entrando na empresa, assim como novos fatos jurídicos, como emissões de *stock options*, emissões de *bridge loans*, cláusulas de antidiluição e outras vão acontecendo. A *cap table* se torna, portanto, muito mais complexa.

Temos, ainda, um complicador adicional no Brasil, já que por, razões de segurança jurídica, como explicado nos Capítulos 22 e 23, os investidores não costumam entrar no contrato social de empresas constituídas como sociedades limitadas.

Assim, startups costumam apresentar duas *cap tables*. A primeira é a *cap table* corrente no contrato social, ou seja, aquela que descreve apenas os sócios-fundadores, apresentando um quadro societário muito simples. Essa *cap table* mostra quem possui cotas da empresa no presente.

A segunda é uma *cap table* completa, que mostra as participações dos investidores no futuro após a conversão das notas em ações, da maturidade dos contratos de *vesting* etc.

Veja a seguir novamente o exemplo de cada uma das *cap tables* de uma empresa fundada por dois sócios com 50% cada um e que recebe dois aportes de investimentos: a série A, com um aporte de R$1 milhão a um *pre-money* de R$ 3milhões e um *post-money* de R$4 milhões, e a série B, com um aporte de R$3 milhões a um *pre-money* de R$10 milhões, resultando em um *post-money* de R$13 milhões.

CAP TABLE 1 — FUNDAÇÃO DA STARTUP X

Empresa Startup X Fundação			
Sócios	**Ações**	**Participação %**	**Participação R$**
Sócio A	1.000	50%	50.000
Sócio B	1.000	50%	50.000
TOTAL	**2.000**	**100%**	**100.000**
Valor da ação	50		
Valor da empresa			**100.000**

CAP TABLE 2 — VALUATION PRE-MONEY DE R$3 MILHÕES

Empresa Startup X Valor da Empresa *pre-money* SÉRIE A				
	Ações	Participação %	Participação R$	Valorização
Sócio A	1.000	50%	1.500.000	2.900%
Sócio B	1.000	50%	1.500.000	2.900%
TOTAL	**2.000**	**100%**	**3.000.000**	
Valor da ação	1.500			
Valor da empresa				**3.000.000**

CAP TABLE 3 — VALUATION POST-MONEY DE R$4 MILHÕES APÓS O APORTE DE R$1 MILHÃO

Empresa Startup X Valor da Empresa *post-money* SÉRIE A				
	Ações	Participação %	Participação R$	Valorização
Sócio A	1.000	38%	1.500.000	2.900%
Sócio B	1.000	38%	1.500.000	2.900%
Fundo 1	**667**	**25%**	**1.000.000**	**0%**
TOTAL	2.667	1	4.000.000	
Valor da ação	1.500			
Valor da empresa				**4.000.000**

CAP TABLE 4 — VALUATION PRE-MONEY DE R$10 MILHÕES

Empresa Startup X Valor da Empresa *pre-money* SERIE B				
	Ações	Participação %	Participação R$	Valorização
Sócio A	1.000	37%	3.749.531	7.399%
Sócio B	1.000	37%	3.749.531	7.399%
Fundo 1	**667**	**25%**	**2.500.937**	**150%**
TOTAL	2.667	1	10.000.000	
Valor da ação	3.750			
Valor da empresa				**10.000.000**

CAP TABLE 5 — VALUATION POST-MONEY DE R$13 MILHÕES APÓS O APORTE DE R$3 MILHÕES

Empresa Startup X Valor da Empresa *post-money* SÉRIE B				
	Ações	Participação %	Participação R$	Valorização
Sócio A	1.000	29%	3.749.531	7.399%
Sócio B	1.000	29%	3.749.531	7.399%
Fundo 1	**667**	**19%**	**2.500.937**	**150%**
Fundo 2	800	23%	3.000.000	0
TOTAL	3.467	100%	13.000.000	
Valor da ação	3.750			
Valor da empresa				**13.000.000**

18

A ARMADILHA DE UM *VALUATION* SUPERDIMENSIONADO

Todo empreendedor tem uma crença natural de que, quanto maior o *valuation* de sua empresa, melhor para ele. Por mais estranho que possa parecer, essa percepção está errada quando tratamos de captação de recursos investidos na empresa.

Um *valuation* muito alto pode causar dois grandes problemas: o primeiro é que, quando se consegue um *valuation* superestimado, ele tem, em contrapartida, uma expectativa de crescimento muito acelerada nos meses subsequentes ao investimento. Caso esse crescimento e essa performance não aconteçam, seja devido a problemas de gestão, desenvolvimento do produto ou mesmo crises macroeconômicas, a empresa enfrentará uma grande crise de credibilidade perante os novos investidores, que acharão o valor da empresa muito elevado.

Nessas condições, o empreendedor terá dificuldades de conseguir captar uma nova série de investimentos a um *valuation* maior ou igual à rodada anterior e terá que fazer o chamado *down round* (rodada menor).

O *down round* gera um grande estresse entre os empreendedores e o fundo já investido. Os empreendedores veem todo o seu trabalho feito após a última rodada de investimento — geralmente de doze a dezoito meses — sendo desperdiçado, não agregando valor a sua empresa e, ainda, diminuindo seu valor.

Já o fundo investido tem que precificar seu investimento com um retorno negativo que impactará seus resultados internos, dificultando sua relação com seus investidores LPs, tendo que explicar para eles por que fez um investimento a um valor fora do mercado.

Para piorar ainda mais a situação do empreendedor, nesse momento é ativada a cláusula de antidiluição, presente na maior parte dos contratos de investimento de risco. A cláusula prevê que, caso alguma das rodadas posteriores venha a ser realizada a um valor menor do que a rodada atual (*down round*), o investidor prejudicado por esse *down round* tem o direito de reemitir ações para compensar suas perdas, na mesma proporção da rodada.

Uma vez acionada a cláusula, todo empreendedor sofrerá, além da sua própria diluição, a diluição proporcional que seria do primeiro investidor. Esse impacto pode ser desastroso para sua participação na empresa e, consequentemente, para a motivação de continuar no negócio caso sua participação chegue a um patamar muito baixo.

Explicarei em mais detalhes e com exemplos como funciona a cláusula de antidiluição no Capítulo 25, quando serão abordados os termos econômicos do *term sheet*.

19

POR QUE UM FUNDO, MESMO DEPOIS DE INVESTIR NA EMPRESA, RARAMENTE ESTÁ DO MESMO LADO DA MESA DO EMPREENDEDOR

Um dos grandes erros do empreendedor ao iniciar um relacionamento com um fundo é acreditar que, depois de se tornarem sócios, estarão, dali em diante, sempre do mesmo lado da mesa nas demais negociações, sejam elas de novos investimentos ou de venda da empresa.

O empreendedor e o fundo têm fundamentalmente o mesmo objetivo: ganhar dinheiro com a empresa. No entanto, o que significa ganhar dinheiro para um é muito diferente para o outro.

Voltemos àquele exemplo do capítulo sobre *valuation*. O empreendedor A e o empreendedor B fundaram uma empresa, em que cada um aportou R$50 mil. Cada um deles teria 50% da empresa, que estava avaliada em R$100 mil, tendo sido emitidas 2 mil cotas a um valor de R$50 cada uma.

Empresa Startup X Fundação			
Sócios	Ações	Participação %	Participação R$
Sócio A	1.000	50%	50.000
Sócio B	1.000	50%	50.000
TOTAL	**2.000**	**100%**	**100.000**
Valor da ação	50		
Valor da empresa			**100.000**

Após um ano de trabalho no desenvolvimento de uma tecnologia inovadora de inteligência artificial, eles conseguem um *term sheet* de um investidor-anjo que avaliou a empresa X com um valor *pre-money* (valor da empresa antes dos recursos entrarem) de R$3 milhões e que resolveu investir R$1 milhão.

Neste exemplo, o *post-money* (valor da empresa após a entrada dos recursos) será de R$4 milhões (R$3 milhões valor da empresa + R$1 milhão do recurso captado). Ao final da rodada, que chamaremos de série A, o fundo terá 25% da nova empresa (R$1 milhão investido é igual a 25% dos R$4 milhões do *post-money*), por meio da emissão de 667 ações a um valor de R$1.500 cada. Observe que a diluição dos fundadores acontece por meio da emissão de novas ações. Antes, o total de ações era de 2 mil. Após a emissão das 667, o total passou para 2.667 ações, cada um com sua participação calculada com relação a esse novo total, conforme a tabela a seguir:

VALOR DA EMPRESA X *PRE-MONEY* ANTERIOR À ENTRADA DO FUNDO

Empresa Startup X Valor da Empresa *pre-money* SÉRIE A				
	Ações	Participação %	Participação R$	Valorização
Sócio A	1.000	50%	1.500.000	2.900%
Sócio B	1.000	50%	1.500.000	2.900%
TOTAL	**2.000**	**100%**	**3.000.000**	
Valor da ação	1.500			
Valor da empresa				**3.000.000**

VALOR DA EMPRESA X *POST-MONEY* POSTERIOR AO APORTE DE R$ 1 MILHÃO

Empresa Startup X Valor da Empresa *post-money* SÉRIE A				
	Ações	Participação %	Participação R$	Valorização
Sócio A	1.000	38%	1.500.000	2.900%
Sócio B	1.000	38%	1.500.000	2.900%
Fundo 1	**667**	**25%**	**1.000.000**	**0%**
TOTAL	2.667	1	4.000.000	
Valor da ação	1.500			
Valor da empresa				**4.000.000**

Neste primeiro ato, os empreendedores que investiram R$50 mil cada um na empresa têm um patrimônio no papel de R$1,5 milhão (por enquanto, é só contrato social; para virar dinheiro de verdade, a empresa precisa ser vendida). Isso quer dizer que houve valorização de 2.900% em relação ao que investiram.

Vamos agora para o segundo ato. A empresa continua crescendo bem, mas após um ano, precisarão de uma nova rodada de investimentos para continuarem a investir em novas tecnologias e expandir a empresa para outros países. Os empreendedores saem novamente para mais um *road show* de captação em busca de R$3 milhões adicionais e conseguem um fundo 2 disposto a investir um *valuation pre-money* de R$10 milhões.

VALUATION PRE-MONEY DA EMPRESA X ANTERIOR AO INVESTIMENTO DE R$3 MILHÕES DA SÉRIE B

Empresa Startup X Valor da Empresa *pre-money* SÉRIE B				
	Ações	Participação %	Participação R$	Valorização
Sócio A	1.000	37%	3.749.531	7.399%
Sócio B	1.000	37%	3.749.531	7.399%
Fundo 1	**667**	**25%**	**2.500.937**	**150%**
TOTAL	2.667	1	10.000.000	
Valor da ação	3.750			
Valor da empresa				**10.000.000**

Nesse momento, ambos os empreendedores e o fundo 1 estão muito felizes com o novo *valuation* da empresa. As ações dos empreendedores já valorizaram 7.399% desde a fundação, e as ações do fundo 1 já valorizaram 150% em apenas um ano.

Para receberem o novo aporte de R$3 milhões, são emitidas 800 novas ações, dessa vez a um valor de R$3.750 cada uma. Com a nova emissão, a participação de cada empreendedor passa de 37% para 29%, e a participação do fundo 1 muda de 25% para 19%, uma vez que ele não acompanhou o investimento. (Todos sempre têm a opção de investir proporcionalmente sua participação caso não queiram ser diluídos). O fundo 2 passa a ter 23% da empresa X, que tem agora um valor *post-money* de R$13 milhões.

VALUATION POST-MONEY DA EMPRESA X POSTERIOR AO INVESTIMENTO DE R$3 MILHÕES DA SÉRIE B

Empresa Startup X Valor da Empresa *post-money* SÉRIE B				
	Ações	Participação %	Participação R$	Valorização
Sócio A	1.000	29%	3.749.531	7.399%
Sócio B	1.000	29%	3.749.531	7.399%
Fundo 1	**667**	**19%**	**2.500.937**	**150%**
Fundo 2	800	23%	3.000.000	0
TOTAL	3.467	100%	13.000.000	
Valor da ação	3.750			
Valor da empresa				**13.000.000**

Agora vamos imaginar a seguinte situação: após apenas quatro meses de entrada do fundo 2, a empresa X recebe de um banco que viu grande valor em sua tecnologia uma proposta de aquisição total da companhia por R$15 milhões.

Nesse momento, é provável que os fundadores, que até então não tinham nenhum recurso, já imaginem a possibilidade de ter, cada um, R$4,3 milhões para fazerem o que quiser. Sabem que, apesar da boa tecnologia que têm, a concorrência está chegando e o Google e o Facebook estão lançando tecnologias similares que ofertarão de graça para as pessoas. Com isso, a empresa poderia vir a perder todos os seus clientes e não valer nada.

O fundo 1 fica feliz com a proposta, e o R$1 milhão que ele investiu há 18 meses agora vale R$2,8 milhões, com uma valorização de 189% no período.

No entanto, o fundo 2, que entrou apenas quatro meses antes da proposta, investindo R$3 milhões, vê que sairá com R$3,4 milhões, tendo um retorno de apenas 15% sobre o capital investido; ele vota em não vender a empresa no momento.

Empresa Startup X Valor da Empresa *post-money* SÉRIE B

	Ações	Participação %	Participação R$	Valorização
Sócio A	1.000	29%	4.326.382	8.553%
Sócio B	1.000	29%	4.326.382	8.553%
Fundo 1	**667**	**19%**	**2.885.697**	**189%**
Fundo 2	800	23%	3.461.539	15%
TOTAL	3.467	1	15.000.000	
Valor da ação	3.750			
Valor da empresa				**13.000.000**

Observe como é complexa a relação, como os interesses dos empreendedores e dos diferentes investidores podem ser convergentes ou completamente opostos de acordo como o *timing* de cada proposta recebida relacionada à valorização de cada investimento já feito.

Quando a proposta — tanto de investimento quanto de M&A ou compra total da empresa — é muito boa, feita por um valor que gera grande retorno para todos os investidores, não existem tantos problemas. Mas quando a proposta é pouco vantajosa ou não tão boa quanto alguns fundos esperavam é que os problemas maiores surgem.

O *deal* e o futuro da empresa dependerão de como está redigido o acordo de acionistas, como está dividido o conselho, quais vetos cada fundo tem etc. *Tag along, drag along, liquidation preference, right of first refusal*, entre outros, são alguns dos termos que discutiremos com detalhes nos próximos capítulos.

O
PROCESSO DE
ROAD SHOW

> "Concentre-se nos pontos fortes, reconheça as fraquezas, agarre as oportunidades e proteja-se contra as ameaças."

SUN TZU

20

DECK DE CAPTAÇÃO E *PITCH*: COMO SE PREPARAR

No momento da captação, assim como em qualquer outro processo da venda, é fundamental preparar-se.

No caso de uma startup, o que está sendo vendido é o sonho do empreendedor de transformar um projeto em uma grande empresa vitoriosa e lucrativa que dentro de alguns anos será vendida ou abrirá um IPO e trará grande lucro para o investidor. Observe que não é uma venda simples, como a de um automóvel ou de uma casa. Os valores envolvidos são muito maiores, assim como o risco de tudo dar errado e o dinheiro virar pó.

Além da confiança que o investidor precisa ter no projeto, é essencial confiar na capacidade, na honestidade e na seriedade do empreendedor e do time. Sem essa confiança, não haverá investimento. Já escutei algumas vezes que é preferível investir em um time bom com um projeto ruim do que em um projeto bom com um time ruim. O bom time consegue pivotar e melhorar o projeto ruim até dar certo, enquanto o time ruim consegue matar um bom projeto. Naturalmente, o investimento só ocorrerá se o investidor acreditar que tanto o projeto quanto o time são excepcionais.

DECK DE INVESTIMENTOS

O *deck* de investimentos é o material de apresentação de sua empresa ou de seu projeto. Geralmente é feito em PowerPoint, contendo entre oito e vinte slides, devendo ser capaz de conter de forma sintética um resumo do negócio com todo seu potencial. Esse material é o que será enviado por e-mail, WhatsApp e será apresentado nas reuniões.

Sua formatação e ordem de apresentação podem variar, mas alguns tópicos são fundamentais em todo *deck*. Sua linguagem deve ser objetiva, mas ao mesmo tempo estimulante, gerando no leitor a curiosidade e o interesse necessários para que ele se disponha a agendar uma reunião para conhecer o empreendedor e o projeto. Caso o *deck* não esteja bem elaborado, dificilmente o empreendedor conseguirá agendar qualquer reunião.

Para o nosso empreendimento do projeto +Vida, além de um *deck*, fizemos um vídeo apresentando todo o projeto, o que nos ajudou muito a passar a mensagem que queríamos da melhor forma e no menor tempo possível. O vídeo foi essencial para o sucesso do projeto.

A seguir estão os principais tópicos a serem abordados em seu *deck*. O ideal é conseguir sintetizar cada um dos tópicos em um único slide ou, no máximo, dois.

1. **Problema:** qual é o problema ou a dor que você está resolvendo? O Uber resolveu a dor de quem não conseguia um táxi ou transporte com boa qualidade e bom preço. Do outro lado havia motoristas que tinham disponibilidade de tempo, um automóvel e precisavam gerar receita. O Airbnb, por sua vez, resolveu a dor de quem queria viajar e se hospedar por um preço mais econômico. Do outro lado havia o proprietário de imóveis que tinha algum cômodo ou imóvel mobiliado disponível para curta locação. Qual dor você resolverá?

2. **Solução/produto:** mostre sua solução de forma clara, objetiva e sintética. Você deve ser capaz de explicá-la em poucas palavras, sem a necessidade de fazê-lo ao vivo. Lembre-se de que, se o investidor não entender ou não se interessar pelo que está

DECK DE CAPTAÇÃO E PITCH: COMO SE PREPARAR

lendo, não existirá reunião. Mostre fotos, screenshots, funcionalidades e tudo o que mostre por que você tem um produto único e diferenciado.

3. **Mercado:** qual o tamanho potencial do mercado? Uma metodologia muito utilizada é a do TAM/SAM/SOM. O tamanho do mercado é um dos pontos fundamentais para determinar a entrada de um VC. Se o mercado não é grande o suficiente para gerar um negócio potencial de bilhões, muitos dos fundos não têm interesse.

TAM, SAM e SOM são siglas que representam diferentes subconjuntos de um mercado, com os quais é possível prever a demanda dos produtos ou serviços, projetando as vendas e o crescimento.

TAM (*TOTAL AVAILABLE MARKET* OU MERCADO TOTAL)

É a demanda total do mercado global por um produto ou serviço. Para chegar nesse número, é necessário combinar as receitas de todas as empresas do mercado que está sendo analisado.

Por exemplo, o número total de quartos de hotéis existentes no mundo multiplicado pelo ticket médio por faixas de hotéis dará uma média aproximada do tamanho mundial do mercado hoteleiro, que seria o mercado total potencial do Airbnb. Como esse número é sempre muito grande e seria inviável pensar em ter 100% dele, existe o conceito do SAM.

SAM (*SERVICEABLE AVAILABLE MARKET* OU MERCADO ENDEREÇÁVEL)

É a parte do TAM que está na sua região de alcance geográfico, ou seja, a fatia que sua empresa teria efetivamente o potencial de atingir nos próximos anos, considerando a regionalização e as características específicas de seu produto ou serviço dentro de um crescimento projetado.

Dentro do exemplo anterior, podemos separar apenas os hotéis com ticket menor do que R$200 que estejam no Brasil e que tenham sua hospedagem focada em lazer, por exemplo.

SOM (*SERVICEABLE OBTAINABLE MARKET* OU MERCADO ACESSÍVEL)

Representa as receitas que você realisticamente conseguirá alcançar. Isso precisa ser matematicamente provado, considerando a competição, a região de foco, os canais de aquisição de clientes etc. Este é o número que deve estar em seu *Business plan*.

Mantendo o exemplo do Airbnb, suponhamos que o objetivo seja de inicialmente focar capitais litorâneas brasileiras com aluguel de quartos individuais.

4. **Modelo de negócio:** como você pretende gerar receita e monetizar seu negócio? Apresente sua forma de cobrança. É um SaaS ou um serviço de assinatura mensal ou anual, modelo freemium — em que o início é gratuito e depois passa a ser pago e com mais recursos? É um e-commerce, um marketplace? Nesse momento, é preciso provar sua viabilidade econômica.

5. **Modelo de vendas:** mostre sua estratégia de aquisição de novos clientes ou, assim como no jargão do mercado, seu plano de *"go to market"*. Apresente métricas como CAC (custo de aquisição de clientes), ROI (*return over investment* ou retorno sobre investimento) com seus investimentos de marketing, LTV (*life time value* ou ciclo de vida do cliente). Você pode incluir mais detalhes, como funil de vendas, métricas e outros dados relevantes.

6. **Concorrência:** neste slide, apresente quem são seus concorrentes, suas estratégias de diferenciação e suas fraquezas, junto das possíveis estratégias pensadas para superá-las. Um gráfico de análise SWOT (*strengths, weaknesses, opportunities and threats* ou forças, fraquezas, oportunidades e ameaças) é útil neste momento.

7. **Etapas de crescimento:** também chamada de *"milestones"*, elas dividem cada fase de sua empresa, como o tempo, esforço e capital necessários para chegar em cada etapa.

Por exemplo, digamos que o primeiro *milestone* seja captar R$500 mil de investimento-semente para desenvolver um protótipo e testar a tecnologia nos próximos doze meses. Seu segundo *milestone* poderia ser escalar, montar um time comercial e colocar seu produto nos primeiros cem clientes. E assim por diante.

Esse slide é muito importante para facilitar o entendimento do potencial investidor sobre o tamanho total de desafios e até quando os recursos investidos serão suficientes.

8. **Seus diferenciais e suas vantagens:** mostre por que devem investir em sua empresa, e não em uma concorrente. Quais são suas principais vantagens? Time, tecnologia, *first-mover advantage* (vantagem de ser o primeiro), network etc. Mostre sua visão de futuro e como vê os avanços e o mundo caminhando na direção que você está enxergando.

9. **Time:** este slide é fundamental. Quando formado por um time já experiente e com *track record* validado, algumas vezes aparece já na primeira página do *deck*. Mostre quem são os fundadores, suas experiências, empresas anteriores, formação e outras informações relevantes. Deve ser breve; não é um currículo detalhado.

10. **Valor buscado na captação:** neste momento, você deve dizer o quanto está captando e quanto tempo o recurso durará. Os números financeiros mais detalhados serão apresentados no próximo slide. Um erro muito comum que observo em alguns *decks* é colocar o *valuation* que o empreendedor quer por sua empresa. Por exemplo: captação de R$5 milhões por 20% da empresa, ou seja, o valor *pre-money* determinado é de R$20 milhões.

Não é uma boa estratégia colocar sua expectativa de *valuation* no *deck*, por algumas razões. Primeiramente porque, caso seja alta e fora da realidade, terá perdido a oportunidade com o investidor, mesmo que depois você venha a mudar de ideia. Sua credibilidade estará prejudicada com esse investidor.

Em segundo lugar, porque, caso seja muito baixa, poderá ter efeito negativo contrário, mostrando seu desespero ou despreparo para conduzir a negociação e, consequentemente, a empresa.

Outra razão importante é que esse *deck* circulará por e-mail e WhatsApp fora do controle do empreendedor. O ideal é que haja interesse por uma reunião presencial, para que, a partir dela, os empreendedores possam ter a oportunidade de fazer uma apresentação completa com toda a energia e vitalidade diretamente para os potenciais investidores.

O valuation da empresa será tratado em um segundo momento, apenas com os investidores que tiverem real interesse na empresa, e geralmente a proposta virá da parte deles. Nesse momento, a melhor estratégia é sempre escutar antes de falar o quanto acha que sua companhia vale.

A exceção para esse caso é quando você já tem um *term sheet* de um fundo nas mãos e está querendo negociar com outro fundo. Porém, mesmo nesse caso, a informação não estará no *deck* e será discutida verbalmente durante uma reunião presencial.

11. **Financeiro:** inclua uma planilha resumida com gráficos do seu histórico e das projeções dos próximos cinco anos: DRE, balanços e projeções. As planilhas detalhadas serão solicitadas à medida que as negociações avançam, posteriormente auditadas na *due diligence*.

12. **Apêndices e outros:** os slides mencionados anteriormente são fundamentais para qualquer *deck* de investimento. Os demais variarão de acordo com a característica e o estágio de cada negócio. Dentre eles, podemos citar:

> ➤ Modelos financeiros.

> ➤ Métricas e KPIs do negócio.

> ➤ *Milestones*, com o *roadmap* previsto de produtos.

> ➤ Destaques na imprensa da empresa ou dos sócios.

> ➤ NPS e satisfação dos clientes.

DECK DE CAPTAÇÃO E PITCH: COMO SE PREPARAR

> - Demo de produto e *features*.
>
> - *Potential* saídas.
>
> - M&A já feitos no setor.

O último slide é sempre o que fica mais tempo na tela ao final da apresentação. Lembre-se de colocar as informações de contato com o logotipo e o slogan da empresa.

Também é importante sempre indicar as fontes de pesquisa, as metodologias utilizadas na elaboração do material, bem como a data e o número da versão de cada atualização do material circulado.

O empreendedor nunca deve inventar números ou fazer projeções que ele não acredita serem possíveis de entregar, pois, dessa forma, minará sua credibilidade e suas chances reais de receber investimento algum dia.

Em nosso material apresentado nos canais da comunidade e-captei, estão disponíveis vários modelos de *decks* de sucesso.

21

COMO FUNCIONA UM *ROAD SHOW?*

oad show é o nome dado à sequência de reuniões de apresentação da empresa para potenciais investidores. Muito utilizado nos processos de IPO, o nome acabou virando sinônimo de processo de captação de recursos também para startups.

Algumas pessoas, pela falta de experiência, acreditam que basta encontrar alguém que se interesse por seu negócio e uma semana depois estarão com o dinheiro na conta. No entanto, não é bem assim que acontece.

Um processo de captação bem executado leva de quatro a oito meses, em média, e cada uma de suas fases será apresentada em detalhes nos próximos capítulos, e são as seguintes:

1. **Elaboração do material:** o empreendedor elabora todo o *deck* estratégico e financeiro com sua necessidade de caixa e projeções da empresa.

2. **Seleção dos potenciais investidores:** com base nesse material elaborado, de acordo com o *ticket* de investimento e o estágio da empresa, é montada, então, uma lista dos fundos dentro daquele perfil.

3. **Início das reuniões:** uma vez montada a lista, é hora de entrar em contato com os gestores desses fundos, enviando o material e se colocando à disposição para uma reunião de apresentação.

4. **Negociação e aprofundamento das informações:** uma vez encontrado um fundo interessado, existirão algumas reuniões. O fundo visitará a empresa, conversará com os demais sócios, algumas vezes entrevistará funcionários, conversará com clientes e buscará o máximo de informações possíveis sobre a empresa no mercado

5. **Negociação do *term sheet*:** após recebido o *term sheet*, existirá uma fase de negociação dos termos e condições propostos.

6. **Processo de *due diligence*:** nesta fase, é contratada uma empresa de auditoria para que seja verificada e validada toda informação apresentada pelo empreendedor.

7. **Elaboração dos contratos finais:** os advogados de ambas as partes discutem e redigem todos os contratos finais.

8. **Assinatura dos contratos (*Signing*):** momento da assinatura de todos os contratos.

9. **Recebimento dos recursos (*Closing*):** momento do recebimento dos recursos de acordo com o negociado nos contratos.

Muitas vezes, esse processo é ainda mais longo, e acontece muito de um investidor que conheceu a empresa em seus estágios iniciais e não quis investir naquele momento resolver investir dois anos depois, quando a empresa já está mais desenvolvida e captando recursos para sua série A. Por isso a importância de um *deck* bem elaborado que tenha coerência com todas as informações apresentadas.

22

FATORES IMPORTANTES QUE INFLUENCIAM A DECISÃO DE INVESTIMENTO DE UM FUNDO

Seguem cinco fatores importantes que são considerados pelos fundos em sua decisão de investir.

1. **Valor agregado:** quando o investidor percebe que a empresa avaliada tem sinergia com outras empresas de seu portfólio, ou que sua rede de relacionamento consegue auxiliar a escalada daquela empresa, ele terá maior interesse em aportar não apenas recursos, mas também conexões importantes para o rápido crescimento da empresa.

2. **Composição do time:** a complementaridade do time de empreendedores influencia muito a análise do investidor. Times incompletos precisam abrir espaço para planos de opção de compra de ações para profissionais-chave, e isso significa uma diluição posterior da participação do investidor, que deve ser levada em consideração.

3. **Poder de barganha:** é uma arma usada pelos dois lados na negociação. A experiência, as competências e a rede de contatos são

fatores que aumentam o poder de barganha do investidor. Do outro lado, a qualidade do time, o tamanho da oportunidade e os diferenciais da empresa pesam para o lado dos empreendedores na negociação de participação societária.

4. **Apetite:** a lei da oferta e da demanda também aparece nesse momento. Quanto maior a demanda, maior tende a ser o preço. Se a empresa estiver com necessidade de caixa de curto prazo e o investidor estiver no final do período de investimento — ambos precisando muito fechar o acordo —, esses fatores podem contar contra na negociação.

5. **Espaço da estrutura societária:** por fim, a quantidade de sócios, a participação societária de cada um e a contribuição para o desenvolvimento da empresa contam muito na hora de o investidor analisar a oportunidade. Muitos sócios executivos com pequenas participações ou muitas ações concentradas nas mãos de poucos também prejudicam os mecanismos de incentivos esperados por investidores profissionais.

23

TÉCNICAS DE NEGOCIAÇÃO

Ser um bom negociador é uma capacidade essencial para qualquer empreendedor ter sucesso. As negociações acontecem a cada instante na vida do empresário, seja comprando insumos, contratando equipe ou vendendo seu produto.

Para buscar um bom investidor, as boas técnicas de negociação também são imprescindíveis. Nesse momento você não apenas negociará o valor do investimento a ser recebido, mas também definirá quanto vale sua empresa e como será sua vida como gestor dentro dela. Uma boa negociação inicial é vital para o sucesso da empresa e do empreendedor.

Lembre-se de que os fundos vivem dessas negociações e chegam a fazer dezenas delas anualmente durante vários anos, e para a maioria dos empreendedores, esse tipo de negociação é rara e muitas vezes única.

Tive o privilégio de ter aulas em Harvard com Deepak Malhotra, considerado um dos maiores especialistas em negociação do mundo. Com ele pude aprender uma série de técnicas que, quando colocadas em prática, são poderosíssimas para o sucesso de uma negociação. A seguir estão algumas das principais delas:

1) PREPARAÇÃO É A BASE DE TUDO

Ao entrar em uma negociação, o empreendedor deve estar 100% preparado, caso contrário, a negociação já estará perdida. Certifique-se de que esteja claro o seu objetivo com a negociação e saiba exatamente aonde quer chegar. Pesquise com afinco o outro lado e analise quais são as motivações, os interesses e os pontos fortes e fracos da outra parte.

Muitas vezes, em uma negociação, além do interesse da outra parte — que pode ser um diretor, advogado ou representante —, existe também o interesse da empresa que emprega essas pessoas e que, mais vezes do que imaginamos, pode divergir.

É muito importante que antes dessas negociações o empreendedor converse com pessoas mais experientes, que já viveram situações parecidas. Discuta todos os pontos, mostre suas inseguranças e não tenha vergonha. Esse é o tipo de coisa que só se aprende vivendo, e errar nesse momento pode colocar tudo a perder. Converse com seu advogado, com empresários experientes, entre outras pessoas que conhece, e em quem confia, que já tenham passado por isso.

2) TEMPO (*TIMING*)

O *timing* é fundamental em qualquer negociação. Existe o tempo da espera, o tempo da fala, o tempo de pedir, o tempo de exigir, o tempo de recuar e o tempo de aceitar. Há momentos para seguir em frente e outros para esperar. Pressionar demais em alguns pontos pode comprometer o *deal* ou prejudicar o relacionamento em longo prazo.

3) CONTROLE SEU EGO

Os melhores negociadores não se importam ou não demonstram que se importam com quem recebe crédito por um negócio bem-sucedido. Em uma boa negociação, ambos os lados devem sair sentindo que não deixaram nenhum dinheiro na mesa. Se um dos lados acredita que poderia ter negociado melhor, surge um sentimento de frustração, e esse sentimento acompanhará a outra parte por muito tempo, podendo comprometer o relacionamento profissional. Lembre-se de que o outro lado será seu sócio se tudo der certo. O bom negociador consegue fazer o outro lado sentir que o acordo final é mérito dele.

4) BATNA (*BEST ALTERNATIVE TO A NEGOTIATED AGREEMENT*)

BATNA é a tradução para "a melhor alternativa a um acordo", ou seja, se você perder a negociação, qual é o plano B? O conceito foi desenvolvido por dois grandes negociadores, Roger Fisher e William Ury, mencionado no best-seller *Como chegar ao sim*, talvez um dos mais conhecidos livros de negociação do mundo, lançado em 1981. William Ury é conhecido inclusive por ser negociador de Abilio Diniz em casos como Casino e BRF.

A melhor forma de o empreendedor ter um bom *valuation* é ter outros fundos investidores interessados no negócio dele, só assim é possível que ele tenha real vantagem na negociação.

No caso de uma empresa madura e lucrativa, o empreendedor pode sempre escolher se quer ou não vendê-la. No entanto, caso tenha uma startup que queime caixa, a vida da empresa será limitada ao seu tempo de caixa, e os fundos sabem disso. Essa assimetria já traz intrinsecamente uma grande vantagem para os fundos durante a negociação.

5) TÉCNICA DA ANCORAGEM

Uma técnica muito utilizada em negociações é a ancoragem. Essa técnica foi descrita pela primeira vez pelos psicólogos Amos Tversky e Daniel Kahneman. A pessoa que faz a primeira oferta em uma negociação provavelmente influenciará a discussão a seu favor.

As primeiras ofertas tendem a servir como âncoras poderosas, mesmo para negociadores profissionais experientes. Para causar um impacto ainda maior, tente abrir negociações substanciais com um rascunho de contrato ou contrato-padrão preparado com seu consultor jurídico e/ou quaisquer tomadores de decisão relevantes de sua equipe. Embora esses rascunhos nem sempre sejam adequados, podem aumentar sua influência sobre a negociação.

No entanto, para definir o *valuation* de uma startup, essa técnica pode ser perigosa, principalmente para empreendedores inexperientes que ainda não passaram por situações similares.

Caso a ancoragem de *valuation* seja muito baixa, o empreendedor pode deixar muito dinheiro na mesa, e caso seja muito alta, pode esfriar o interesse do investidor e o negócio ser perdido. Além do mais, existem várias técnicas para chegar ao *valuation*, como vimos anteriormente.

Para os demais aspectos, esta técnica é muito efetiva.

6) MANTENHA SEMPRE SEUS PRINCÍPIOS

Como ser humano e empreendedor, você tem um conjunto de princípios e valores de honestidade, ética e integridade e não deve nunca abrir mão deles. Se encontrar negociações cruzando essas fronteiras, provavelmente será melhor não avançar. Mais uma vez, lembre-se sempre de que esses investidores serão seus sócios, e a última coisa que você gostaria de ter é um sócio desonesto ou sem caráter.

7) O NÃO VOCÊ JÁ TEM

Esta velha máxima se aplica também às grandes negociações. Se não pedir, não conseguirá obter. Qualquer que seja o ponto que queira negociar, desde que dentro de um limite razoável e normal, não deixe de fazê-lo por vergonha ou qualquer outra razão.

8) SEJA UM BOM OUVINTE

Aumente suas habilidades de escuta. Os melhores negociadores costumam ser ouvintes calmos, que pacientemente deixam seus interlocutores falar, que analisam as informações e só então fazem comentários. Incentive o outro lado a falar primeiro, dessa forma você terá a vantagem de saber o que a outra parte está pensando e ajustar melhor seus pontos de acordo com as preocupações do interlocutor.

9) NUNCA ACEITE A PRIMEIRA OFERTA

Negociação é uma técnica que exige muita paciência e sangue frio. Caso receba uma oferta muito melhor do que esperava, nunca a aceite. Faça sua cara de decepção e decline educadamente.

Como dito na regra número três, em uma negociação de sucesso, ambos os lados devem sair sentindo que o dinheiro não foi deixado na mesa. Se a primeira oferta for aceita, o investidor sentirá que conseguiria ter levado por menos e, durante a *due diligence* ou as fases mais avançadas da negociação, provavelmente virá com argumentos com relação às questões encontradas que diminuirão seu *valuation*.

10) TRANSMITA SEMPRE CONFIANÇA, COMPROMETIMENTO, OTIMISMO E POSITIVIDADE

A negociação serve para que o investidor, além de chegar na melhor negociação possível, possa conhecer melhor o empreendedor, o grau de confiança, segurança, ética e preparação dele. Afinal, uma vez sócios, será o empreendedor o responsável por conduzir todas as negociações do dia a dia da empresa.

Além de negociar, o empreendedor está também "se vendendo" para o investidor. Esteja comprometido e, caso perceba que o investidor não está, reavalie se essa é mesmo sua melhor opção.

11) NÃO ABSORVA OS PROBLEMAS DA OUTRA PARTE

Na maioria das negociações, você ouvirá todos os problemas e razões do outro lado, justificando o porquê de não poder atender ao que você deseja. Eles querem que os problemas deles se tornem seus, mas não permita que isso aconteça. Em vez disso, lide com cada um conforme surgirem e tente resolvê-los.

12) ANOTE SEMPRE TODOS OS PONTOS, FAÇA UMA ATA E RECAPITULE

No final de qualquer reunião — mesmo que não haja acordo final —, recapitule os pontos abordados e todas as áreas de acordo. Certifique-se de que todos confirmem. Acompanhe com cartas ou e-mails apropriados. Não deixe para trás pontas soltas.

13) SUBSTITUA SUA ANSIEDADE POR EXCITAÇÃO

O estágio de preparação da negociação geralmente vem com efeitos colaterais desagradáveis, como palmas das mãos suadas, coração acelerado e ansiedade aparentemente avassaladora.

É comum até que os negociadores profissionais se sintam nervosos, mas de acordo com Alison Wood Brooks, professora da Harvard Business School, esse estado de espírito pode nos levar a tomar decisões caras.

Tendemos a acreditar que a melhor técnica de negociação para lidar com a ansiedade é se acalmar, mas isso pode ser mais fácil de dizer do que de fazer. Brooks sugere que se tente reformular o estado de alta excitação fisiológica associada à ansiedade pelo sentimento de excitação.

Essa tática sutil de reformulação, que trata sua excitação como mais e não menos, na verdade aumenta sentimentos autênticos de excitação e melhora o desempenho subsequente nas negociações, descobriu Brooks em sua pesquisa.

14) O PODER DO SILÊNCIO

Na negociação, assim como em qualquer discussão, tendemos a nos apressar para preencher os silêncios desconfortáveis que surgem com técnicas de persuasão e contra-argumentos. Isso pode ser um erro, de acordo com Guhan Subramanian, professor da Harvard Business School e da Harvard Law School.

Depois que o colega falar, dar alguns momentos de silêncio para que ele se acalme pode lhe dar tempo para absorver completamente o que acabou de dizer. O silêncio oferece a capacidade de amortecer os instintos de autodefesa e ampliar o instinto de ouvir.

O
TERM
SHEET

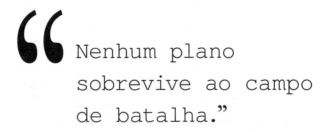

"Nenhum plano sobrevive ao campo de batalha."

SUN TZU

24

TERM SHEET, LETTER OF INTENT (LOI) E MEMORANDUM OF UNDERSTANDING (MOU)

O *term sheet*, o *memorandum of understanding* ou *letter of intent* são basicamente a mesma coisa, porém com nomes diferentes e que trazem os principais termos e condições de uma operação de investimento ou M&A.

Enquanto o MOU e o LOI são mais utilizados em operações de compras ou M&A de empresas — e geralmente têm uma introdução delineando as intenções da parte compradora para, em seguida, delinearem os termos jurídicos —, os *term sheet* são mais utilizados pelos fundos de *venture capital* e também, são mais diretos já delineando desde o início as cláusulas principais da negociação que espelharão os contratos finais.

Vou me referir ao *term sheet* de agora em diante sempre como "TS". Esse documento é um pré-contrato, geralmente não vinculante (*non-binding*), ou seja, até que seja finalizado o processo de *due diligence* (auditoria) e os contratos finais, o empreendedor ainda não tem a garantia de que o investimento entrará.

No TS são definidos os principais termos e condições do negócio, como capital investido, questões econômicas, de controle e de governança. Seu objetivo é reduzir a assimetria de informações que naturalmente existe entre as partes, contribuindo para evitar frustrações quando firmados os contratos definitivos do acordo de acionista e do acordo de investimento.

O documento costuma ter entre oito e quinze páginas e será a base do acordo de acionista e do de investimento, que, em sua versão final, terão, juntos, algumas centenas de páginas, principalmente se redigidos de acordo com as leis norte-americanas.

Com a assinatura pelas partes, o processo passa à próxima fase, a *due diligence*. Vamos agora entender de forma detalhada como é estruturado um *term sheet* e seus pontos mais importantes.

Como disseram Brad Feld e Jason Mendelson em seu livro *Venture Deals: Be Smarter Than Your Lawyer and Venture Capitalist*, as duas questões que realmente importam para um fundo em um *term sheet* são as econômicas e as de controle. As questões econômicas se referem ao retorno do fundo em um evento de venda ou IPO da empresa, os chamados *liquidity events*. Já as questões de controle envolvem o poder dos fundos nas aprovações e nos vetos em cima das decisões dos empreendedores. Portanto, durante a negociação, foque 95% de seu tempo e energia nesses dois pontos. O restante é pouco relevante.

Ao receber um investimento, é muito comum, principalmente nos Estados Unidos, que as ações sejam divididas em duas classes. As ações comuns (*common stocks*) são as do empreendedor, e as ações preferenciais (*prefered stocks*) são as dos investidores.

Essas ações terão direitos e obrigações diferentes, que serão reguladas inicialmente no *term sheet* e, futuramente, nos contratos finais do acordo de acionista e do acordo de investimento.

À medida que a empresa capta novas rodadas de investimento, é comum que tenha, ainda, novas classes de ações preferenciais solicitadas pelos investidores entrantes, com ainda mais poderes e garantias. Em raros casos, como o do Google e do Facebook, os fundadores conseguiram ter, ainda, uma classe de ações especial com maiores poderes de voto sobre seus investidores. Mais à frente contarei como funciona.

25

TERMOS ECONÔMICOS DO *TERM SHEET*

I — PREÇO (*PRICE*)

O preço, ou o valor da empresa, é o primeiro ponto econômico de um *term sheet* e também aquele que o empreendedor mais foca durante a negociação. No entanto, o preço traz consigo vários detalhes e sutilezas que causam impacto no valor real da empresa.

Para chegar a esse valor, serão utilizadas algumas das metodologias apresentadas no Capítulo 15, que variarão de acordo com o estágio da empresa.

O valor poderá variar para cima ou para baixo, conforme a circunstância e a técnica de negociação adotada. O fundo está sempre disposto a pagar um pouco mais quando percebe a qualidade e experiência dos empreendedores ou quando a condição macroeconômica é positiva.

No entanto, o fator de maior peso para auxiliar uma negociação é a existência de mais fundos interessados na empresa. Quando uma companhia é atraente o suficiente e há mais de um fundo motivado a investir nela, é natural que ocorra um leilão de ofertas entre os fundos, e o fator FOMO (*Fear of Missing out*) — o conhecido "medo de ficar de fora" — pode ajudar o empreendedor a conseguir uma condição melhor. É a famosa lei da oferta e da demanda de Adam Smith: quanto maior a demanda por algum ativo, maior é seu preço, e vice-versa.

O segundo ponto é o que tratamos no Capítulo 14. O valor oferecido é o valor *pre-money* ou *post-money*? Mostrar conhecimentos, além de muito importante, determinará o sucesso da negociação neste ponto, uma vez que, se o fundo entender que você já aceitou o valor oferecido de *pre-money* como *post-money*, ele deixará passar e o empreendedor terá perdido sua força e uma importante participação percentual da empresa nessa etapa.

Imagine que um fundo VC envie um TS ou, durante uma conversa prévia ao envio do TS, ele diga que investirá R$1 milhão a um *valuation* de R$4 milhões sem nenhuma explicação adicional sobre esse ser o valor *pre-money* ou *post-money*. Nesse caso, o empreendedor deverá dizer algo como: "Vou avaliar a oferta de R$4 milhões *pre-money* e volto com você!" Nesse formato, o fundo ficará com 20% da empresa (R$4 milhões + R$1 milhão = R$5 milhões *post-money*, sendo R$1 milhão 20% de R$5 milhões).

Já nesse mesmo exemplo, se o empreendedor não se manifestar, a conta ficará com R$4 milhões *post-money*, e o fundo passará a ter 25% da empresa (R 1 milhão é 25% de R$4 milhões).

Em estágios mais avançados de investimento, como a série A ou B, outro termo comum são os *warrants*, mecanismos que autorizam a empresa a emitir, no futuro, novas ações para o investidor a um preço predeterminado, independentemente do valor futuro da empresa, caso o empreendedor não cumpra determinadas metas apresentadas durante a negociação.

Por exemplo, digamos que o fundo esteja investindo R$1 milhão na compra de 500 mil ações com o valor de R$2 cada.

Ele pode solicitar que, caso a empresa em um ano não atinja 80% da meta estabelecida de faturamento e de clientes na base, ele terá um *warrant* que lhe dará o direito de emitir 100 mil novas ações no valor de R$0,01 cada. Com essas 100 mil novas ações, ele aumentaria sua participação em 20% e seria como se tivesse entrado em um *valuation* menor quando fez o investimento.

Em estágios iniciais de investimento, os *warrants* trazem uma complicação adicional desnecessária, e o ideal é que o empreendedor tente

TERMOS ECONÔMICOS DO TERM SHEET

negociar a não existência destes *warrants*, mesmo que para isso o *valuation* seja um pouco menor.

II — POOL DE AÇÕES (*STOCK OPTION POOL — SOP*)

É muito comum encontrar na elaboração dos TS a definição de um percentual mínimo de *stock option pool* (SOP) a ser emitida pelos empreendedores anteriores à entrada do fundo. Esse percentual varia entre 10% e 20% e servirá como atrativo para futuras contratações de pessoas-chave para a empresa.

É importante, para quem está investindo, que a empresa tenha uma "reserva de ações" para futuras contratações de profissionais que tenham qualidades potenciais de fazer a diferença entre o sucesso ou o fracasso da empresa, seja ele o futuro CFO, COO, CTO, CMO ou algum outro C-level.

Como as startups não conseguem inicialmente atrair talentos com grandes salários ou bônus, a melhor alternativa é oferecer a esses profissionais a chance de também se tornarem sócios da empresa e, nos casos de êxito, terem a possibilidade de ficar ricos no processo.

A diferença entre uma *stock option* (opção de ação) e uma *stock* (ação) é que, na primeira, o funcionário tem a opção de comprar o valor das ações por um preço descontado ao valor de quando foi contratado, ou então de ganhar (*granted*) as ações.

As regras são definidas pela empresa após a entrada do investimento, mas geralmente estão relacionadas às metas batidas e/ou a determinado tempo de permanência na empresa.

III — *VESTING* E *CLIFF*

Dois termos bastante utilizados são *vesting* (vestir, em inglês) e *cliff* (penhasco, em inglês). *Vesting* é o tempo que o funcionário leva para ter o direito de exercer a compra de 100% das opções, ou seja, transformá-las em ações.

Cliff é o prazo mínimo para poder exercer uma parte das opções. É muito usual que o *vesting* seja de quatro anos com um *cliff* de um ano. Vale dizer que, se o funcionário sair em menos de um ano, não terá direito a nada, e as ações retornarão para a empresa. Quando ele completa um ano e um dia, pode exercer 1/4 das ações e, a partir disso, 1/48 avos mensalmente, até terminar seu *vesting* ao final de quatro anos.

Vejamos um exemplo: a empresa X pode estabelecer que o novo CFO contratado tenha direito a 4% de ações da empresa, que sairão dos 20% do *stock option pool*, caso permaneça trabalhando por quatro anos. Para ter direito ao primeiro 1%, terá que completar um ano, e caso saia antes desse período, não receberá nada.

O IMPACTO DO SOP NO *VALUATION*

O SOP são ações emitidas que inicialmente são da própria empresa, mas que de qualquer maneira já diluem a participação do empreendedor e, consequentemente, estão relacionadas ao preço pago pela empresa. Vejamos como é afetada a participação dos empreendedores em um exemplo com ou sem a emissão do SOP.

Um fundo decide investir R$1 milhão a um *valuation pre-money* de R$4 milhões em uma empresa com dois empreendedores que possuem 50% da empresa cada um.

A — *CAP TABLE* DA CONSTITUIÇÃO DA EMPRESA

Empresa Startup X Fundação			
Empreendedores	**Ações**	**Participação %**	**Participação R$**
Empreendedor A	1.000	50%	50.000
Empreendedor B	1.000	50%	50.000
TOTAL	**2.000**	**100%**	**100.000**
Valor da ação	50		
Valor da empresa			**100.000**

Caso não haja a emissão do SOP, o percentual de cada empreendedor sofrerá diluição de 20% para cada sócio, tendo ao final 40% cada um, conforme a *cap table* a seguir:

B — *CAP TABLE POST-MONEY* APÓS O INVESTIMENTO DE R$1 MILHÃO COM *VALUATION PRE-MONEY* DE R$4 MILHÕES

Empresa Startup X Emissão de 20% entrada de R$1M a R$4M de *pre-money* pós SOP			
Empreendedores	**Ações**	**Participação %**	**Participação R$**
Empreendedor A	1.000	40%	2.000.000
Empreendedor B	1.000	40%	2.000.000
Investidor	500	20%	1.000.000
TOTAL	**2.500**	**80%**	**5.000.000**
Valor da ação	2.000		
Valor da empresa			**5.000.000**

Já no caso de abrir um *stock option pool* de 20% anterior ao investimento, os empreendedores terão inicialmente uma primeira diluição na emissão das ações do SOP e uma segunda diluição na capitalização do investimento, que os deixariam com 32% da empresa cada um após a entrada do fundo, ou seja, sofreriam duas diluições, conforme a *cap table* a seguir:

C — *CAP TABLE* APÓS A DILUIÇÃO DO PLANO DE SOP DE 20%

Empresa Startup X Emissão de 20% de Stock Option Pull			
Empreendedores	**Ações**	**Participação %**	**Participação R$**
Empreendedor A	1.000	40%	40.000
Empreendedor B	1.000	40%	40.000
Stock Option Pull	500	20%	20.000
TOTAL	**2.500**	**100%**	**100.000**
Valor da ação	40		
Valor da empresa			**100.000**

D — *CAP TABLE* APÓS A DILUIÇÃO DO SOP E DILUIÇÃO DA RODADA DE R$1 MILHÃO AO *PRE-MONEY* DE R$4 MILHÕES

Empresa Startup X Emissão de 20% entrada de R$1M a R$4M de *pre-money* pós SOP			
Empreendedores	**Ações**	**Participação %**	**Participação R$**
Empreendedor A	1.000	40%	2.000.000
Empreendedor B	1.000	40%	2.000.000
Investidor	500	20%	1.000.000
TOTAL	**2.500**	**100%**	**5.000.000**
Valor da ação	2.000		
Valor da empresa			**5.000.000**

Como pôde ser visto anteriormente, a emissão de SOP tem um efeito direto no preço, uma vez que a diluição dos empreendedores é muito maior.

Apenas como comparativo, o efeito da diluição sofrida por cada empreendedor que sai de 50% e termina com 32% com a emissão do SOP é equivalente à mesma rodada feita a um *valuation pre-money* de R$2,8 milhões, em vez dos R$4 milhões propostos na *term sheet*. A diferença é que o percentual é direcionado para futuros funcionários contratados, e não para o fundo.

Empresa Startup X Investimento de R$1M a *pre-money* de R$2.8M

Empreendedores	Ações	Participação %	Participação R$
Empreendedor A	1.000	32%	1.400.000
Empreendedor B	1.000	32%	1.400.000
Investidor	1.120	36%	1.000.000
TOTAL	**3.120**	**100%**	**3.800.000**
Valor da ação	1.218		
Valor da empresa			**3.800.000**

É difícil para o empreendedor convencer o investidor a não criar esse *stock option pool*, uma vez que as ações darão ao investidor maior tranquilidade para trazer para a empresa bons profissionais e resolver problemas que os empreendedores podem não estar qualificados o suficiente para resolver no futuro. A opção é negociar para diminuir o tamanho do *pool* ou aumentar um pouco o *valuation pre-money* da empresa.

Uma terceira alternativa seria propor que o *pool* seja criado após a entrada do investimento em quantidades menores na medida da necessidade real de contratação. No entanto, como essa alternativa tem impacto direto na participação futura do fundo, tenderia a ser mais difícil de negociar.

IV — *VESTING* DOS FUNDADORES (*FOUNDER VESTING*)

Ao investir em uma startup, o principal ativo visualizado pelo investidor são os fundadores e sua capacidade de fazer aquele sonho apresentado se concretizar. Portanto, é natural que seu maior medo seja o de que de uma hora para outra um desses fundadores (ou todos eles) resolva sair da empresa por qualquer motivo.

As razões para a saída podem ser inúmeras, desde motivos pessoais até o desentendimento entre os sócios, morte ou verificação da incapacidade do sócio de cumprir com suas obrigações. Em qualquer cenário, a empresa será prejudicada.

Para essas situações, é muito comum que as próprias ações dos fundadores passem a ter também um prazo de *vesting* similar ao *vesting* do *stock option pool* dos funcionários. Afinal, não é interessante para nenhum dos sócios remanescentes que, passado um ano ou menos, um sócio que tenha 1/3 das ações da empresa saia e permaneça com todas suas ações.

O desenho desse *vesting* leva em consideração alguns detalhes, como há quanto tempo os fundadores já estão trabalhando na startup. Pode ser proposto, por exemplo, que o funcionário já entre com 1/4 vestido e sem um prazo de *cliff*.

Ou então que, caso o funcionário saia, ele pode ter o direito de comprar suas ações ao valor do *valuation* de entrada do fundo, por exemplo.

Outro ponto importante são as cláusulas de *accelerated vesting*, que determinam que, em casos de evento, como a venda ou a fusão da empresa, esse *vesting* seja acelerado ou completo. Ao redigir a cláusula, o *trigger* (gatilho) que inicia a aceleração do *vesting* é determinado. Pode ser um gatilho único (*single trigger*) ou dois gatilhos (*double trigger*).

Esses gatilhos são muito importantes no momento em que a empresa está em uma negociação de venda futura. Afinal, o novo comprador terá a mesma preocupação do investidor inicial em manter, por pelo menos um período de transição, os fundadores na empresa.

Minha opinião é a de que, desde que o *vesting* dos fundadores não tenha prazo abusivo e existam *triggers* de aceleração prevendo eventos futuros, é razoável concordar com sua aplicação.

V — PREFERÊNCIA DE LIQUIDAÇÃO (*LIQUIDATION PREFERENCE*)

A preferência de liquidação, ou *liquidation preference*, é um dos pontos mais importantes para definir a divisão dos recursos em um momento de liquidação da empresa.

Um evento de liquidação da empresa, diferentemente do que muitos podem pensar, não é necessariamente o fechamento dela — que também tem o mesmo nome —, mas pode ser considerado qualquer evento de venda, fusão ou M&A em que exista a troca do controle societário.

É essa cláusula que define quanto dinheiro entrará no bolso do empreendedor e dos investidores, principalmente nos casos em que o valor de venda da empresa é menor do que o valor já investido.

Existem dois componentes que definem a *liquidation preference*: o primeiro é a preferência (*preference*) propriamente dita de recebimento dos recursos, que definirá até quantas vezes o investidor receberá os recursos investidos antes de dividir o restante com o empreendedor.

Aqui o investidor pode dizer que sua preferência será de uma vez, ou seja, até que o dinheiro seja pago, não haverá nenhuma distribuição de recursos para o empreendedor. O investidor pode, ainda, determinar uma taxa de juros anual aplicada ao seu capital a ser retornada como direito de preferência.

Após a crise da bolha em 1999, os fundos ficaram mais ariscos e, em alguns casos, chegaram a exigir a preferência de receber até dez vezes o valor aplicado antes de qualquer distribuição aos empreendedores. No entanto, essa ganância trouxe um grande desequilíbrio na relação empreendedor e investidor, desmotivando os empreendedores de assumir tal risco. Quem estaria disposto a assumir o risco de se matar na criação de uma startup para depois de cinco anos ainda ter que pagar dez vezes o valor captado ao investidor para só então ter direito a algum retorno?

Com isso, os gestores dos fundos se deram conta e retornaram para a exigência mínima de preferência de uma vez o capital investido, com algumas exceções, principalmente em rodadas posteriores, quando o *valuation* já está maior e os números já envolvem algumas dezenas ou centenas de milhões.

O segundo ponto é a participação (*participation*), que definirá como será feita a distribuição dos recursos resultantes após o pagamento do valor principal investido.

Existem dois tipos principais de *participation*s:

> *No participation*: desde que alcançado o valor mínimo estabelecido em seu direito de preferência, o fundo participará da divisão dos recursos de forma *pro rata* nos mesmos termos das ações comuns dos fundadores.

> *Full participation*: o fundo primeiro receberá o seu valor de preferência estabelecido e participará *pro rata* da divisão dos valores remanescentes.

Veja nos exemplos a seguir como ficariam as divisões:

Caso 1: a empresa X recebeu R$4 milhões a um *valuation pre-money* de R$12 milhões, resultando em um *post-money* de R$16 milhões; o investidor com 25% da empresa, e o empreendedor com 75% da empresa.

Exemplo 1: a empresa é vendida por R$4 milhões ou menos.

> **Uma vez (1x)** *preference, no participation*: o fundo fica com os R$4 milhões, e o empreendedor, com nada.

> **Uma vez (1x)** *preference, full participation*: o fundo fica com os R$4 milhões, e o empreendedor, com nada.

TERMOS ECONÔMICOS DO TERM SHEET

Nesse caso, o *participation* não influenciará, uma vez que o valor não ultrapassou o valor de preferência do fundo. Em ambos os cenários, ele fica com 100% dos recursos.

Exemplo 2: a empresa é vendida por R$10 milhões.

> **Uma vez (1x)** *preference*, *no participation*: o fundo fica com os R$4 milhões do seu direito de preferência, e o empreendedor, com os R$6 milhões remanescentes, uma vez que tem 75% da empresa.

> **Uma vez (1x)** *preference*, *full participation*: o fundo fica com os R$4 milhões do seu direito de preferência e mais 25% dos R$6 milhões remanescentes (R$1,5 milhão), totalizando R$5,5 milhões. O empreendedor fica com os R$4,5 milhões remanescentes.

Exemplo 3: a empresa é vendida por R$30 milhões.

> **Uma vez (1x)** *preference*, *no participation*: o fundo fica com 25% de R$30 milhões (R$7,5 milhões), uma vez que o valor é superior ao direito de preferência. O empreendedor fica com 75% de R$30 milhões (R$22,5 milhões).

> **Uma vez (1x)** *preference*, *full participation*: o fundo fica com os R$4 milhões do seu direito de preferência e mais 25% dos R$26 milhões remanescentes (R$6,5 milhões), totalizando R$10,5 milhões. O empreendedor fica com os R$19,5 milhões remanescentes.

Existem, ainda, algumas variações, como o *capped participation*, que definirá um teto de participação para o fundo de acordo estabelecido de duas a três vezes o capital investido.

Os cálculos de preferência e de participação são relativamente simples quando existe apenas um investidor, mas começam a se tornar mais complexos quando há mais de uma rodada, em que o segundo ou terceiro investidor tem seus benefícios acumulados em cima dos anteriores.

O ideal para o empreendedor é que em rodadas iniciais exista apenas o direito de preferência de uma vez sobre o capital investido, ou, no caso de empresas que já vinham operando há alguns anos antes de receber o investimento, não existe nem o direito de preferência, uma vez que, apesar de o investidor ter aportado seu recurso na sociedade, o empreendedor também aportou todos os ativos e o trabalho já executados em sua empresa. Tudo dependerá do momento da empresa, do risco e da forma como for negociado.

VI — ANTIDILUIÇÃO (*ANTI-DILUTION*)

No Capítulo 18, falei um pouco da cláusula antidiluição quando abordei o tema da armadilha de um *valuation* superdimensionado.

Pois bem, essa cláusula tem efeito quando uma próxima rodada de investimento é feita a um valor inferior à rodada anterior, o chamado *down round*. Nesse momento, o fundo que investiu inicialmente tem o direito de emitir novas ações para compensar a diluição que sofreria na roda atual a um *valuation* menor.

Existem dois modelos predominantes no mercado: o *full ratchet* e o *broad-based weighted average*, dois extremos dos quais derivam outras variações.

FULL RATCHET

 Significa que a diluição será zero. Caso as ações da empresa tenham um valor menor na próxima rodada, o investidor sempre manterá sua porcentagem de participação original.

A cláusula de *full ratchet* é a modalidade mais agressiva de antidiluição encontrada nos contratos de investimento. E pode gerar, no futuro, uma série de desincentivos tanto para os empreendedores quanto para os próprios investidores.

Outro problema é que a prática tem mostrado que, quando um investidor negocia uma cláusula de *full ratchet*, os investidores futuros também tentarão ter esse tipo de proteção. Além de ser muito danoso para quem não está protegido, limita a própria capacidade de captação da empresa.

Por esses motivos, a cláusula de *full ratchet* é apontada como um fator que tem atrapalhado o crescimento das startups no mercado atual.

TERMOS ECONÔMICOS DO TERM SHEET

Exemplo de *full ratchet*: digamos que o fundo 1 investiu R$2 milhões na série A de uma empresa com um *pre-money* de R$8 milhões, somando um *post-money* de R$10 milhões. O fundo investidor teria 20% da empresa, e o empreendedor, 80%. Depois de um ano, a empresa não decolou, novos concorrentes surgiram e a economia entrou em crise. O dinheiro da empresa acabou, e o empreendedor conseguiu apenas uma proposta de investimento de R$2 milhões do fundo 2: um *valuation pre--money* de R$4 milhões, ou seja, 50% do *valuation* inicial.

Nesse caso, o segundo fundo teria 33% da empresa com o *post-money* de R$6 milhões, e todos diluiriam na mesma proporção. Sem a cláusula de antidiluição *full ratchet*, as participações ficariam da seguinte maneira:

> Os empreendedores ficariam com 53,6% (80% que tinham menos 33% de diluição da rodada série 2).

> O fundo 1 ficaria com 13,4% (20% que tinha menos 33% de diluição da rodada da série B).

> O fundo 2 ficaria com os 33% relativos ao investimento dele.

Total das ações: 53,6% + 13,4% + 33% = 100%

No entanto, com a cláusula de antidiluição *full ratchet*, o fundo 1 se recusaria a ser diluído em 33%, e essa diluição seria compensada pela emissão de novas ações que teriam impacto apenas nas ações dos empreendedores. Este seria o resultado:

> Os empreendedores ficariam com 47% (80% que tinham menos 33% de diluição da rodada da série B menos a emissão de novas ações para o fundo 1 da antidiluição).

> O fundo 1 ficaria com 20% (a participação dele ficaria inalterada com a emissão das novas ações da rodada da série B).

> O fundo B ficaria com os 33% que comprou.

Total das ações: 47% + 20% + 33% = 100%

Agora, imagine se a empresa estiver fazendo a série C e todos os investidores anteriores tiverem direito à cláusula de antidiluição *full ratchet*. A participação do empreendedor, nesse caso, seria reduzida a um percentual minoritário, e seu estímulo para continuar a gerir a empresa estaria seriamente comprometido.

BROAD-BASED WEIGHTED AVERAGE

Para tentar melhorar um pouco essa relação, foi criada a metodologia de diluição *broad-based weighted average*, que impede o barateamento das ações de uma empresa em novas rodadas. Assim, com a mesma quantidade de dinheiro investido, os novos fundos adquirem toda participação que esperavam, diminuindo o impacto da diluição dos fundadores e investidores antigos.

O método *broad-based weighted average* funciona com a seguinte fórmula:

$$P2 = P1 * (A + V2) / (A + V1)$$

Em que:

P2 = Preço por ação da segunda rodada

P1 = Preço por ação da primeira rodada

A= Número de ações da companhia antes das duas rodadas

V1 = Valor total da participação que o investidor recebeu na primeira rodada

V2 = Valor total da participação que o investidor pretende receber na segunda rodada

Nesta modalidade, o valor da ação, e, consequentemente, sua diluição, será uma média do valor da rodada anterior e da rodada atual, e a diluição seria suportada parcialmente pelo empreendedor, pelo fundo 1 e pelo fundo 2.

Quando comparada ao *full ratchet*, a cláusula de *broad-based weighted average* consegue proteger a participação do investidor sem implicar necessariamente grandes perdas para os demais envolvidos no investimento. Por esse motivo, ela tem sido vista com bons olhos pelo ecossistema de *venture capital* e *equity*.

Digamos que essa modalidade é a "menos pior". No entanto, um *down round* é sempre muito ruim para todos. O importante é que o empreendedor esteja atento e preparado para que nenhuma dessas cláusulas seja ativada e esteja, sempre que possível, buscando um plano B com valores superiores a cada rodada.

Algumas vezes, os problemas vêm de circunstâncias totalmente fora do controle do empreendedor. No caso da Bebê Store, por exemplo, tivemos o grande problema da desvalorização do real diante do dólar. Como a matriz da empresa ficava em Delaware, nos Estados Unidos, todos nossos contratos eram feitos em dólar. Quando fizemos nossa primeira captação, em 2011, o câmbio estava em R\$1,80/US\$1. Com as sucessivas crises dos governos do PT, o dólar chegou a bater mais de R\$4 em 2015. Por mais que estivéssemos crescendo 150% ao ano, o valor relativo da empresa em dólar caiu mais de 50%, e, por isso, nosso *valuation* em dólar foi muito afetado, assim como a capacidade de fazer novas captações com valores superiores.

VII — PAGUE PARA PARTICIPAR (*PAY TO PLAY*)

Esta cláusula é interessante para o empreendedor, principalmente em um cenário de *down round*. Ela estabelece que, caso algum dos investidores detentores de ações preferenciais decida não participar de uma rodada subsequente de maneira integral ou *pro rata*, suas ações serão transformadas em ações comuns, e ele perderá todas as garantias e prerrogativas da classe de ações preferenciais, como antidiluição, preferência de liquidação, direito de preferência e demais garantias.

Ela força os investidores já presentes na empresa a acompanhar rodadas subsequentes para manter suas garantias e facilitar o processo de captação de novas rodadas, uma vez que o valor a ser captado com novos fundos será menor e, também, pelo fato de trazer maior credibilidade à empresa, já que os fundos atuais continuam comprometidos em acompanhar o investimento.

26

TERMOS DE CONTROLE DO *TERM SHEET*

VIII — CONSELHO DE ADMINISTRAÇÃO (*BOARD OF DIRECTORS*)

O conselho de administração de uma empresa é o principal mecanismo responsável pela manutenção das boas práticas de governança corporativa que garantem transparência e credibilidade à empresa. Ele é formado por um conjunto de pessoas ou conselheiros que atuarão junto à gestão nos debates e definições de todos os temas estratégicos e, ao mesmo tempo, cobrarão o CEO e a gestão pela implementação das ações e pelos resultados obtidos pela empresa.

Esse tema é de extrema relevância para o empreendedor, mas também para os investidores. Lembre-se sempre de que Steve Jobs foi demitido por seus conselheiros da gestão da Apple em 1985. Se um conselho mal selecionado teve a capacidade de demitir o próprio Jobs da Apple, isso pode acontecer com qualquer empreendedor!

Mas o que significa governança corporativa? Esse termo, tão em voga atualmente, nada mais é do que o sistema ou conjunto de regras pelo qual as organizações são dirigidas, monitoradas e incentivadas.

A governança corporativa organiza as relações entre os empreendedores, os investidores, o conselho de administração, a diretoria e os órgãos de controle, tendo como objetivo aplicar as melhores práticas de gestão, transparência e ética na busca pelos melhores resultados da empresa para todos os acionistas.

COMO ESCOLHER QUEM SÃO E QUANTOS SERÃO OS CONSELHEIROS

Em uma startup nova, ou *early stage,* o conselho de administração é normalmente composto por cinco membros. Geralmente o CEO ocupa uma das cadeiras, um segundo sócio ocupa a segunda cadeira, o investidor-anjo, a terceira, o investidor da série A, a quarta, e a quinta (ou cadeira de desempate) costuma ser uma pessoa independente, escolhida e aprovada por todas as partes.

No entanto, essa configuração pode mudar, desde que seja sempre em número ímpar, para que não exista empate nos votos.

À medida que a empresa capta novas rodadas, os conselhos geralmente crescem, uma vez que os novos investidores que lideram as rodadas posteriores também exigem assento no conselho.

O empreendedor tem que estar sempre muito atento a como será feita essa distribuição, de maneira que confie plenamente nas pessoas que comporão a maioria de seu conselho. Seu conselheiro será seu patrão e terá literalmente o poder de demiti-lo do cargo.

Quanto melhor a qualidade das pessoas do conselho, melhor serão as chances de sua empresa prosperar. O ideal é escolher pessoas com notáveis conhecimentos e vivências em companhias que já superaram os obstáculos pelos quais sua startup passará. Pessoas bem conectadas e com boa reputação são muito boas para abrir portas com potenciais clientes, fornecedores e investidores estratégicos.

No meu ponto de vista, é muito importante que sejam também pessoas inteligentes, otimistas e de alto astral. Pessoas negativas e inseguras podem contaminar as discussões e deliberações de um conselho e arruinar um negócio.

Função e atribuições do conselho administrativo

A principal atribuição de um conselho administrativo é manter o direcionamento estratégico dos negócios de acordo com os principais interesses da organização como um todo. É importante que a atuação desse órgão nunca esteja comprometida com os interesses de um único acionista ou grupo específico. O foco deve ser sempre a empresa e sua geração de valor.

É de responsabilidade do conselho promover debates sobre os objetivos da empresa e definir em conjunto as metas e estratégias a serem seguidas pelo CEO e pela gestão. O conselho não se envolve na execução das tarefas, mas tem o poder e a prerrogativa de cobrar do CEO o andamento e os resultados das tarefas e metas estabelecidas.

Remuneração de conselheiros

A remuneração dos conselheiros dependerá muito do porte e do estágio da empresa. Em startups *early stage*, em diversos casos, não existe nenhuma remuneração, ou pode ser prometido apenas ao conselheiro independente um percentual de *stock option* da empresa por seu trabalho. Essa definição levará sempre em consideração o tempo despendido e o potencial de contribuição do conselheiro.

Já em empresas mais maduras, com maior número de assentos independentes no conselho, são adotadas práticas e remunerações de mercado a serem combinadas e definidas pelos sócios no momento adequado.

Diferença entre conselho administrativo e conselho consultivo

Enquanto o conselho de administração tem caráter deliberativo e está diretamente vinculado à tomada de decisões de uma empresa, o conselho consultivo fornece pareceres e recomendações que não necessariamente serão adotados pela empresa.

Ainda assim, a atuação de um conselho consultivo é de grande relevância, sobretudo para empresas que estão em fase inicial de adoção de práticas de governança corporativa para a elaboração de relatórios que darão fundamentação à elaboração do planejamento estratégico.

FUNCIONAMENTO DE UM CONSELHO ADMINISTRATIVO

Cada conselho tem seu modelo e forma específica, e sempre dependerá de quem o conduz e do perfil dos sócios de cada empresa. Existe uma vasta literatura, cursos especializados e uma série de procedimentos-padrão adotados por grandes empresas públicas ou de capital aberto.

O conselheiro tem a obrigação legal e fiduciária sobre a empresa e pode ser responsabilizado juridicamente por decisões tomadas, portanto, é algo muito sério para todas as partes.

É importante que seja elaborado um regimento interno para o conselho administrativo, no qual fiquem delimitadas suas responsabilidades, suas atribuições e seus limites de atuação. Para organizar melhor essas questões, um profissional que não faça parte do rol de conselheiros deve ser nomeado para o cargo de secretário e ficar responsável por coordenar a agenda dos conselheiros e registrar as atas das reuniões.

No início de cada exercício, deve ser elaborado um calendário anual com a previsão de reuniões ordinárias do conselho, cuja frequência pode variar de acordo com o porte e a complexidade de cada organização.

Os conselheiros também devem receber antecipadamente a pauta e os documentos referentes ao tema que será tratado a cada reunião, para contribuir com informações importantes às deliberações.

CONSIDERAÇÕES FINAIS SOBRE O CONSELHO DE ADMINISTRAÇÃO

O tema de conselho é vasto e complexo, com legislação específica na lei das S.A., e deve ser tratado com muita cautela pelo empreendedor e pelos investidores.

Nesse caso, é fundamental para o empreendedor a contratação de um bom advogado no momento da elaboração do "acordo de acionistas", documento este que será assinado junto dos contratos finais do investimento. Se estiver chegando nesse ponto, você já terá superado o *term sheet* e a *due diligence*, que trataremos no próximo capítulo.

IX — OBRIGAÇÃO DE VENDA CONJUNTA (*DRAG ALONG*)

Drag significa arrastar, na tradução literal do inglês para o português. Neste caso, o acionista majoritário — aquele que tem o maior número de ações — arrasta ou leva de maneira forçada os acionistas minoritários para a negociação. Sua aplicação permite que uma companhia tenha 100% do capital adquirido por um eventual comprador. Essa cláusula existe para que acionistas minoritários não tenham poder de veto sobre a venda da empresa.

A cláusula *drag along* determina que os acionistas minoritários têm o dever de vender suas ações, caso o acionista majoritário decida vender sua parte. O procedimento permite que o majoritário não dependa de ninguém para alienar a empresa e, ao mesmo tempo, oferece aos minoritários a garantia de que terão a venda feita no mesmo ato por valores e condições equivalentes às ajustadas com os majoritários, respeitando, no entanto, a cláusula de *liquidation preference*, vista anteriormente.

Vejamos o exemplo de uma empresa que recebeu o aporte de um investidor em troca de 20% das ações, mas manteve seu sócio-fundador no controle do negócio. Posteriormente, o acionista majoritário e administrador da companhia recebeu uma oferta extremamente vantajosa para vendê-la para uma empresa ou fundo que deseja ter a totalidade das ações. Nesse caso, o fundo terá que, obrigatoriamente, vender seus 20%.

A cláusula *drag along* impede que a negociação não aconteça por decisões de acionistas minoritários, como o investidor-anjo, por exemplo, após algumas rodadas de investimento, ou mesmo um sócio que já tenha saído da empresa e esteja em litígio com os sócios-gestores.

Já o lado negativo da cláusula para o empreendedor acontece em situação de *fire sale* (liquidação da empresa) por um valor menor do que o de investimento, que deve ser pago antes do acordo com as cláusulas de *liquidation preference*.

Imagine o exemplo de uma empresa que já recebeu R$20 milhões de investimentos por meio de três rodadas de investimento e os fundos investidores tenham juntos 60% da empresa e uma vez(1x) *liquidation preference*. A companhia recebe uma oferta de venda de 100% de sua participação por R$15 milhões. Nesse caso, os fundos receberão a totalidade dos recursos, e os empreendedores ficarão com nada.

Sem a cláusula *drag along*, os empreendedores poderiam bloquear a venda para que tivessem mais tempo na busca por melhores alternativas em que pudessem sair com alguma liquidez. No entanto, com essa cláusula, os fundos que podem estar com pressa de sair do negócio por razões diversas conseguem forçar a venda e deixar os empreendedores de mão abanando.

Esta é mais uma das cláusulas que geralmente é acionada quando as coisas não saem bem.

X — OPÇÃO DE VENDA CONJUNTA (*TAG ALONG* OU *CO-SALE*)

A cláusula de *tag along* apresenta a ideia contrária e confere segurança ao acionista minoritário (aquele que possui o menor número de ações). A palavra *tag* vem do inglês e significa juntar, em analogia à união forçada dos sócios majoritários aos minoritários na negociação.

Na hipótese dos sócios majoritários alienarem o controle da empresa, o minoritário poderá obrigar que suas ações também sejam vendidas, por exemplo, pelo mesmo preço e em condições semelhantes às demais.

No mesmo exemplo do *drag along*, podemos pensar em um acionista que possui 20% de uma empresa. Sob a hipótese dos detentores de 80% das ações venderem o controle para uma concorrente e o acionista minoritário não desejar permanecer no negócio, ele poderá forçar que o comprador obtenha seus 20% pelo mesmo valor e nos mesmos termos em que comprou os 80%.

O exercício da cláusula de *tag along* é opcional por parte dos minoritários, que podem optar por permanecer com suas ações. Desde que concordem com o novo controle, eles não precisarão exercer seu direito.

É importante que os empreendedores entendam que compras, vendas, incorporações e fusões de empresas acontecem rotineiramente, e as cláusulas de *tag along* e *drag along* garantem que essas transações ocorram de maneira segura e protegendo os interesses dos envolvidos.

Se a transação com um terceiro constituir uma mudança de controle (ações que representem mais de 50% do poder de voto), as disposições de venda conjunta podem exigir que o valor seja dividido proporcionalmente entre os acionistas vendedores, como se a transação fosse um "evento de liquidação", e confere aos investidores sua preferência de liquidação, conforme falado anteriormente.

Os limites de percentuais que acionam essas cláusulas devem ser desenhados e simulados de acordo com a realidade e o momento de cada empresa. Mais uma vez, é fundamental um bom advogado para auxiliar o empreendedor no momento da elaboração dos contratos finais do acordo de acionistas.

XI — CONVERSÃO DAS AÇÕES (*CONVERSION*)

A cláusula de conversão de ações estabelece o direito dos proprietários de ações preferenciais (os fundos) de converter suas ações em ações comuns.

Essa conversão é benéfica em alguns cenários, como para obter maioria no voto de algumas matérias do acordo de acionista, em que se exige a maioria do voto das ações comuns. Ou então no lançamento do IPO da empresa, em que um fundo pode resolver converter suas ações para que, com o voto junto às ações comuns, consiga bloquear a oferta em busca de negociar maiores ganhos para si.

Essa cláusula, assim como as do estabelecimento do conselho, tem caráter técnico, podendo trazer problemas futuros para o empreendedor caso seja mal definida. Mais uma vez, ressalto a importância de um bom advogado para simular e analisar a melhor forma, com os limites bem definidos de acordo com cada caso.

XII – DIREITOS DE VETO
(*PROTECTIVE PROVISIONS*)

As disposições de proteção são basicamente os direitos de veto que os investidores têm. É a forma de, mesmo sem ter o controle da empresa ou do conselho, conseguirem vetar determinadas ações dos empreendedores.

O bom senso de ambas as partes é fundamental nesse momento.

Como o investidor está arriscando recursos consideráveis na empresa, é importante que ele tenha garantias mínimas de que os empreendedores não tomarão nenhuma atitude drástica que possa inviabilizar a empresa ou a participação dos investidores.

Mesmo que o conselho de administração ou os acionistas majoritários autorizem uma ação específica, seria necessário o aval dos investidores. Temos as seguintes disposições-padrão:

> **Venda da empresa ou outro evento de liquidação.** Esta cláusula é bastante controversa. Além de todas as outras preferências que o investidor tem quanto à liquidação da empresa, ele pode vetar uma venda que não seja satisfatória aos interesses do fundo. É importante definir limites mínimos a partir dos quais a maioria dos acionistas e do conselho pode aprovar uma venda. À medida que a empresa recebe rodadas adicionais e que novos fundos entram na empresa, os interesses podem ser bem conflitantes com relação a valores justos de venda, e isso pode inviabilizar uma boa venda, conforme apresentado nos exemplos anteriores.

> **Qualquer alteração no certificado de incorporação ou estatuto social da empresa que altere os poderes, as preferências ou os direitos especiais das ações preferenciais com o intuito de afetá-los adversamente.** Esta cláusula protege o investidor de alterações no estatuto feitas após sua entrada que possam prejudicá-lo ou tirar algum direito já acordado na entrada. A cláusula é justa, na minha opinião.

> **Qualquer aumento ou redução, exceto por conversão no número total de ações autorizadas de ações preferenciais ou**

ordinárias. Esta cláusula protege o investidor da emissão de novas ações que teriam impacto direto na diluição da participação do fundo com consequente perda de participação e de poderes. Também considero justa.

> **A autorização ou emissão de qualquer título patrimonial que tenha preferência ou esteja em paridade com qualquer série de ações preferenciais com relação a dividendos, liquidação ou resgate.** Esta cláusula é similar à anterior, tratando da emissão de debêntures e outros títulos similares. Também faz sentido, na minha opinião.

> **Declaração, pagamento de dividendos ou outra distribuição por conta de quaisquer ações preferenciais ou ordinárias.** Esta talvez seja uma das cláusulas menos ativadas no meio das startups. Se estivesse dando lucro, dificilmente captaria recursos com *venture capital*. No entanto, ela é importante para que o empreendedor não resolva distribuir os recursos investidos na forma de dividendos para os sócios. Considero justa também.

> **Qualquer alteração no número do conselho da empresa.** Protege os investidores da inserção de novos conselheiros sem a autorização deles, garantindo a representatividade do voto no conselho. Importante para ambas as partes.

> **Qualquer ocorrência de dívida acima de R$100 mil.** O investidor não quer que a gestão da empresa faça grandes dívidas que possam comprometer a saúde da empresa sem a sua autorização. É importante negociar um valor mínimo que seja razoável, de acordo com o porte da empresa, para que a gestão não fique travada com vetos do investidor.

> **Qualquer alteração nos principais negócios da empresa ou a entrada em qualquer nova linha de negócios.** A meu ver, é mais justo que, caso seja necessário pivotar completamente o modelo da empresa, o investidor deva estar de acordo. Afinal, ele investiu na empresa com um propósito específico apresentado pelo empreendedor.

As disposições anteriores são as cláusulas mais comuns em todas as TSs. A seguir há algumas que também podem aparecer, mas são mais controversas:

> **Qualquer contratação, demissão ou alteração na remuneração de qualquer diretor-executivo.** É muito comum que o investidor queira indicar o CFO (diretor-financeiro), para que tenha alguém de sua confiança cuidando das finanças da empresa. É fundamental que a gestão não fique completamente travada para a contratação de outros executivos importantes para a empresa.

> **A celebração de qualquer transação com qualquer diretor, executivo ou funcionário da empresa.** Esta cláusula previne que a empresa possa fazer transações que beneficiem sócios e diretores em detrimento da empresa. Acho justo que, nesses casos, seja necessária a autorização do investidor.

Outro ponto importante é que os fundadores exijam um limite mínimo de ações em circulação das ações preferenciais para que as disposições de proteção permaneçam em vigor.

Esteja atento a altos limites de votação, principalmente em uma rodada de financiamento da série B ou posterior. É importante negociar uma única votação para todos os investidores — ou seja, os investidores da série B ou posteriores não teriam um voto separado para suas respectivas disposições de proteção — para evitar o cenário em que um investidor que detém uma pequena porcentagem de ações efetivamente tenha direito de veto.

27

DEMAIS TERMOS DA *TERM SHEET*

XIII — DIREITO DE PREFERÊNCIA (*RIGHT OF FIRST REFUSAL* OU *RESTRICTIONS ON SALES*)

O direito de preferência tem como objetivo evitar que um acionista transfira suas ações para um terceiro antes de fazer uma oferta aos sócios da companhia, ou seja, o acionista que recebe uma proposta deve primeiro oferecer suas ações aos outros parceiros de negócios nos mesmos termos ou condições. Caso os acionistas remanescentes não optem pela compra do parceiro, a venda deve ser concluída nos mesmos termos oferecidos.

Esta cláusula pode ser escrita dando não apenas aos investidores, mas também aos demais sócios-fundadores, o mesmo direito de preferência na proporção *pro rata* de suas participações.

Apesar de não ser ideal para o investidor que um fundador resolva vender suas ações ou obter alguma liquidez antes da venda da empresa ou de um IPO, ao longo da vida da empresa, diversas coisas podem acontecer, como brigas entre sócios ou a incapacidade de alguns dos sócios crescerem com a empresa. Nesse momento, é importante que já exista uma previsão de saída e venda das ações, para que quem está saindo não se veja refém dos sócios remanescentes e do investidor. Por outro lado, a empresa e os sócios que permanecem têm a preferência de adquirir as ações antes que sejam colocadas no mercado paralelo.

XIV — DIREITOS DE VOTO
(*VOTING RIGHTS*)

Esta cláusula geralmente estabelece que todas as ações votem juntas como uma única classe em uma base convertida. A aplicação mais importante é que não será necessária a aprovação separada dos acionistas preferenciais para aprovar um aumento no número de ações ordinárias autorizadas, desde que a maioria dos acionistas concorde com a alteração.

O empreendedor deverá entender em detalhes com seus advogados as nuances que podem ser inseridas, uma vez que os vetos e direitos a voto podem travar a empresa, o seu funcionamento e as vendas.

XV — DIVIDENDOS
(*DIVIDENDS*)

Os dividendos são mais utilizados em grandes negócios de *private equity*, aumentam o retorno total aos acionistas preferenciais (investidores) e diminuem o retorno total aos acionistas ordinários (empreendedores). Geralmente são declarados como uma porcentagem do preço de emissão original das ações preferenciais. Por exemplo, um dividendo pode ser declarado como 5% do preço de emissão original da série A. O preço de emissão original é simplesmente o valor pago na compra das ações pelos investidores preferenciais. Eles podem ser de três tipos:

DIVIDENDOS AUTOMÁTICOS E CUMULATIVOS

Esta categoria de dividendos é a pior para o empreendedor e visa garantir um maior retorno para os investidores. Mesmo que a startup não tenha recursos para pagar os dividendos ao final de cada exercício, esses dividendos ficam acumulando e serão descontados na venda da empresa. Eles são somados às preferências de liquidação que vimos anteriormente e podem comprometer seriamente o retorno dos empreendedores em uma venda futura.

Os dividendos acumulados representam uma obrigação futura dos acionistas ordinários (empreendedores) para com os acionistas preferenciais (investidores), o que reduz os recursos disponíveis para os acionistas ordinários.

DIVIDENDOS NÃO CUMULATIVOS

Os dividendos não cumulativos são pagos sobre as ações preferenciais somente se o conselho de administração os declarar. Se não forem pagos, não acumulam e não resultam em obrigação futura para com os acionistas preferenciais. Portanto, o investidor pode ter preferência de dividendo de 8% para as ações preferenciais. No entanto, se o conselho de administração não declarar o dividendo, ele será perdido. Essa é uma estrutura significativamente melhor para os acionistas ordinários.

DIVIDENDOS DAS AÇÕES PREFERENCIAIS SOMENTE QUANDO PAGOS NAS AÇÕES ORDINÁRIAS

O terceiro método é ter um dividendo pago sobre as ações preferenciais somente quando pago às ações ordinárias. Nesse cenário, o preferencial é tratado como se tivesse sido convertido em ordinário no momento em que o dividendo é declarado, e as ações preferenciais e ordinárias no dividendo, como se todas as ações fossem convertidas em ordinárias. Esta é a opção mais benéfica para o empreendedor.

XVI — DIREITO À INFORMAÇÃO (*INFORMATION RIGHTS*)

Os direitos de informação obrigam a empresa a fornecer aos investidores demonstrações financeiras e outros dados da empresa. A maioria dos direitos de informação também inclui a oportunidade de visitar as instalações da empresa, inspecionar os livros e registros e discutir assuntos com os executivos da companhia.

As disposições sobre os direitos de informação garantem que os investidores mantenham as informações confidenciais. Isso é importante porque os diretores têm o dever fiduciário de manter as informações da empresa sob sigilo, mas os investidores não têm obrigação semelhante na ausência de uma cláusula de confidencialidade contratual.

XVII — PROPRIEDADE INTELECTUAL (*PROPRIETARY INFORMATION AND INVENTIONS AGREEMENT*)

Esta cláusula estabelece que a empresa deve ter com seus funcionários um contrato de propriedade intelectual, garantindo ela a posse de seus produtos e invenções. Esse contrato concederá ao empregador os direitos a invenções criadas ou conceituadas pelo empregado durante o vínculo empregatício.

Normalmente esse tipo de contrato exige que o funcionário divulgue essas invenções ao empregador, "atribua", isto é, transfira legalmente ao empregador os direitos de propriedade dessas invenções e o ajude a obter uma patente sobre essas invenções.

Isso evita que o funcionário reivindique direitos sobre quaisquer invenções que não estejam na lista. Em outras palavras, todas as invenções não listadas são consideradas propriedade do empregador.

Esta cláusula, de forma geral, é boa para a empresa, e o correto seria que toda empresa já tivesse esse contrato assinado ao contratar qualquer funcionário de desenvolvimento e criação. No entanto, sabemos que isso raramente acontece, e colher a assinatura de todos durante a captação pode trazer certo constrangimento por parte do empreendedor ao abordar o tema com os funcionários.

XVIII — DIREITO DE RESGATE OU OPÇÃO DE VENDA (*REDEMPTION RIGHTS* OU *PUT OPTION*)

Esta é outra cláusula muito controversa, e ruim para o empreendedor. Imagine que sua empresa, após quatro ou cinco anos, não está boa o suficiente para um IPO ou ainda não tenha conseguido encontrar um comprador estratégico, mas que está indo bem ou "de lado", conforme a expressão do mercado. Nesse momento, o fundo, que já pode estar chegando ao final da vida, começa a ficar aflito para dar uma saída em suas

DEMAIS TERMOS DA TERM SHEET

ações e resolve exigir que você as compre por um preço pré-acordado. Isso é o chamado direito de resgate.

O direito de resgate permite que os investidores exijam que a empresa ou o empreendedor recomprem suas ações após um período especificado. Em essência, é um direito de venda, ou seja, os investidores podem optar por devolver suas ações à empresa.

No entanto, sabemos que a empresa ou o empreendedor raramente tem condições de recomprar as ações, e, por isso, a cláusula é pouquíssimo ativada. No entanto, não diminui o risco de que isso venha a acontecer.

Existem alguns pontos em que os fundadores devem se concentrar em conexão com os direitos de resgate. Primeiro, devem negociar para eliminá-los completamente, porque, como mencionado, eles não são a norma e raramente são implementados.

Caso os investidores insistam em direitos de resgate, apenas concorde se não puderem ser exercidos até pelo menos cinco anos após o fechamento. Os fundadores também devem tentar limitar o preço do resgate a um valor igual ao investimento e negar quaisquer direitos a dividendos acumulados.

Às vezes, os investidores tentam adicionar disposições de execução para garantir alguns direitos de resgate. Por exemplo, eles podem exigir que, se a empresa deixar de pagar (não puder pagar o preço de resgate em dinheiro), os investidores terão o direito de eleger a maioria do conselho de administração até que o preço seja pago integralmente e/ou a empresa seja obrigada a pagar por meio da emissão de notas promissórias. Novamente, os fundadores não devem aceitar esses termos.

Por fim, os fundadores devem estar atentos a direitos de resgate incomuns, como o resgate da cláusula MAC (*material adverse change*), que dá aos investidores o direito de resgatar suas ações se a empresa sofrer uma mudança adversa relevante em seus negócios, operações, posição financeira ou perspectivas. Por ser muito subjetiva, essa provisão coloca o empreendedor completamente na mão do investidor, e com isso, ele pode ver todo seu trabalho ruir caso uma situação similar venha a acontecer. O empreendedor nunca deve aceitar essa condição.

XIX — CONDIÇÕES ANTECEDENTES AO FINANCIAMENTO (*CONDITIONS PRECEDENT TO FINANCING*)

Para entender as condições precedentes ao financiamento, lembre-se de que o *term sheet* não é vinculativo, ou seja, até que os documentos finais estejam assinados, o investidor ainda pode desistir do negócio. As condições precedentes ao financiamento detalham os eventos que devem ocorrer antes que exista o *signing*, ou a assinatura dos documentos finais e do *closing*, depósito do investimento na conta da empresa. Quais são as condições típicas precedentes ao financiamento?

1. O financiamento está condicionado aos investidores que concluem a devida *due diligence* e estão satisfeitos com o resultado. Essa condição dá aos investidores o direito de abandonar o negócio caso descubram algo sobre a empresa que os faz não querer mais investir.

2. Conclusão dos documentos legais necessários, como o contrato do acordo de investimento, acordo de acionista e demais contratos que variam conforme a empresa.

3. Entrega de um orçamento detalhado e entrega de uma carta de direitos de gestão aos investidores.

4. Contratos de trabalho: os detalhes dos contratos de trabalho às vezes são deixados na seção de condições precedentes dos documentos de financiamento.

5. Honorários legais: algumas condições precedentes exigem que as empresas paguem os honorários legais dos investidores, independentemente de o negócio ser fechado ou não. Os fundadores não devem concordar com esses termos, ou podem acabar sem financiamento e com a obrigação de pagar por seus advogados e pelos advogados dos investidores que não investiram neles.

Os fundadores devem ter cuidado com as condições precedentes que indicam que os investidores ainda não receberam a aprovação de sua organização. Idealmente, os fundadores assinariam apenas termos que tenham a aprovação da organização dos investidores.

As condições precedentes fazem parte de todos os acordos de financiamento e geralmente são negligenciadas. Os fundadores devem se lembrar de que o termo não é vinculativo e devem prestar muita atenção ao idioma que detalha as condições precedentes.

XX — DIREITO DE REGISTRO (*REGISTRATION RIGHTS*)

Este é um dos problemas bons de se ter. Ele acontece quando a empresa vai para o IPO e, basicamente, oferece aos investidores a possibilidade de converter suas ações em ações comuns para que sejam comercializadas na Bolsa e possam dar a saída ao seu investimento.

O registro, no entanto, não é um processo simples ou barato; exige recursos consideráveis da empresa e resulta em extensos requisitos contínuos de conformidade e relatórios.

Entretanto, esta é uma cláusula que, independente do que seja definido no *term sheet*, sofrerá alterações solicitadas pelos bancos que conduzirão o IPO no futuro, caso ele venha a acontecer. Não é preciso depositar muita energia nesta cláusula.

XXI — DIREITO DE EXCLUSIVIDADE (*NO SHOP AGREEMENT*)

O direito de exclusividade é basicamente uma relação monogâmica. O investidor não quer que você negocie com outros fundos a partir do momento em que assinou o *term sheet*. Mesmo sendo o TS um documento não vinculante, o fundo terá custos com advogados, *due diligence* e seu próprio tempo envolvido. Portanto, ele coloca essa cláusula para garantir, durante o período de vigência do TS, que o empreendedor não converse com novos fundos que poderiam fazer uma oferta melhor nesse tempo.

Geralmente, é solicitado um período de noventa dias para a exclusividade, mas o empreendedor pode negociar em sessenta dias, o que é bem razoável.

XXII — ATIVIDADES DO FUNDADOR
(*FOUNDER ACTIVITIES*)

É natural que o fundo, ao investir, queira que os fundadores estejam 100% focados no negócio. Na verdade, para conseguir fazer uma startup decolar, os empreendedores devem estar 200% focados no negócio.

Esta cláusula existe para garantir esse compromisso. Com exceção de alguns poucos casos, os fundos pedirão exclusividade para arriscarem fazer o investimento. Caso alguns dos empreendedores tenham outros negócios paralelos, é importante que digam logo, para que a situação seja previamente negociada, uma vez que, caso seja descoberto o descumprimento, a relação entre as partes poderá ficar seriamente prejudicada.

XXIII — DIREITOS DE TRANSFERÊNCIA
DE AÇÕES PREFERENCIAIS
(*ASSIGNEMENT*)

A disposição da cessão permite que os investidores possam transferir as ações entre fundos de sua mesma propriedade. É uma cláusula pouco utilizada e, para o empreendedor, tem pouco ou nenhum impacto, mas é importante para que os investidores possam movimentar seu ativo entre seus fundos de acordo com as necessidades.

É importante apenas que o fundo que assumir as ações em uma eventual transferência esteja de acordo com todos os direitos e obrigações já assumidos até então.

XXIV — OPÇÃO DE COMPRA
(*CALL OPTION*)

A opção de compra é o oposto da cláusula de direito de resgate. Ela dá ao investidor a possibilidade de comprar mais ações da empresa ou do empreendedor por um preço predefinido sob algumas circunstâncias específicas, como a morte do empreendedor ou o não atingimento de certas metas estabelecidas.

No caso da aplicação da cláusula na morte do empreendedor, o objetivo do fundo é tirar a insegurança da relação com os familiares do empreendedor, que não estarão em posição de assumir o papel dele.

Já no caso do não atingimento de metas, o objetivo é que o fundo consiga comprar a um preço mais barato — em alguns casos, virtualmente zero — novas ações para fazer uma média de preço menor.

XXV — INDENIZAÇÃO (*INDEMNIFICATION*)

Esta cláusula estabelece a obrigação da empresa de indenizar e cobrir qualquer custo jurídico dos membros do conselho e do investidor por quaisquer ações movidas contra eles em decorrência da empresa investida.

O padrão atual é a empresa contratar um seguro para conselheiros e diretores chamado D&O (*directors and officers*).

PASSOS

ANTES DO

APORTE DE

RECURSOS

"Semeia uma ação e colherás um hábito, semeia um hábito e colherás um caráter, semeia um caráter e colherás um destino."

NAPOLEON HILL

28

AUDITORIA
(*DUE DILIGENCE*)

Durante todo o processo de captação, o empreendedor mostrou seu *deck*, apresentou suas planilhas e fez seu *pitch* de vendas. A *due diligence* é o momento em que o investidor conferirá se tudo o que foi dito é verdadeiro. Esse é um ponto onde qualquer *red flag* (sinal vermelho), como é dito no mercado, pode comprometer o *deal*.

A *due diligence* é uma auditoria profunda encomendada pelos investidores com o objetivo de conhecer a empresa em detalhes. Geralmente, é contratada uma empresa especializada nesse processo, como EY, Delloite, KPMG ou alguma outra empresa local que tenha boa reputação e seriedade.

Nesse processo, será aprofundado o estudo, a análise e a avaliação de informações e documentos de diversos setores da empresa, assim como serão avaliados os aspectos financeiros, contábeis, previdenciários, trabalhistas, ambientais, fiscais, imobiliários, tecnológicos, jurídicos e os demais setores da empresa.

Será feita uma avaliação detalhada da situação financeira do negócio, a verificação de possíveis riscos e a análise dos passivos diante das obrigações presentes e futuras já assumidas. Esse processo geralmente leva entre trinta e noventa dias, dependendo do porte e da organização da empresa.

Por isso digo que o processo de captação é um namoro que leva em torno de seis meses, e a *due diligence* é uma viagem de dois meses junto com seu par. Qualquer mentira, exagero ou má informação serão provavelmente descobertos nesse período. Se o *deck* apresentado quatro ou seis meses antes e que previa um crescimento X estiver apresentando crescimento de 1/2 X, a informação será questionada. Se a conversão de clientes prevista era de 20% e estiver em 15%, surgirão dúvidas sobre a viabilidade do negócio.

Portanto, tenha sempre em mente que, quanto mais realistas forem a sua apresentação e suas projeções e quanto mais honesta forem suas interações, maiores serão as chances de sucesso durante a *due diligence*.

29

REORGANIZAÇÃO SOCIETÁRIA

A reorganização societária pode também ser considerada uma etapa necessária no recebimento dos recursos ou no *closing* da operação. Essa reestruturação pode considerar a aquisição de participação entre os sócios a partir da segregação de ativos e atividades para uma nova sociedade (via *drop down* ou cisão) ou até pela aquisição direta de um ativo ou de todo o patrimônio da empresa compradora. Essa reorganização pode acontecer por diferentes necessidades, eentre elas:

> *Transformação da empresa em uma S.A.* A Lei das S.A. dá mais garantias para o investidor.

> *Incorporação da empresa.* Algumas vezes, a empresa ainda não está constituída ou é uma microempresa.

> *Abertura de uma controladora fora do Brasil, geralmente em Delaware (Estados Unidos).* As leis de Delaware são pró-*business* e dão aos investidores a segurança jurídica dentro do ambiente norte-americano.

> *Incorporação de ações.*

> *Cisão.*

> *Razões contábeis.*

> *Outras razões.*

CONTROLADORA EM DELAWARE

Os fundos estrangeiros, principalmente, se sentem muito mais confortáveis com uma estrutura em que eles são sócios de uma empresa nos Estados Unidos que é dona da empresa no Brasil que opera o negócio. Esse formato faz com que todo o acordo de acionista e o acordo de investimento sejam feitos em inglês e regidos de acordo com as leis norte-americanas. O empreendedor também passa a ter cotas de uma empresa nos Estados Unidos que é a controladora de sua empresa no Brasil.

Nesses casos, o empreendedor deverá contratar, por sua conta, um bom escritório de advocacia norte-americano — que não é barato; não sai por menos de US$30 mil. Toda a relação entre os sócios será tratada por advogados norte-americanos de acordo com as leis norte-americanas.

É importante saber também que, tendo sua controladora em Delaware ou em qualquer lugar fora do Brasil — caso exista no futuro desentendimento entre os empreendedores e os fundos, algo muito comum —, qualquer ação ou demanda necessária para o empreendedor buscar seus direitos deverá ser movida nos Estados Unidos. Essas ações são extremamente caras, chegando a custar algo na ordem de centenas de milhares ou até milhões de dólares, o que pode inviabilizar que o empreendedor mova tais ações, uma vez que é sempre uma briga de Davi (o empreendedor sem recursos) contra Golias (os fundos com recursos e o corpo jurídico abundante dentro de seu país de origem).

Somente após as etapas de auditoria e reorganização societária será possível avançar para os contratos principais.

30

CONTRATO DE MÚTUO CONVERSÍVEL, ACORDO DE INVESTIMENTO OU CONTRATO DE COMPRA E VENDA

Uma vez terminado o processo de *due diligence* e de estruturação societária de acordo com as demandas do fundo, serão definidos os demais contratos definitivos.

Esses contratos elaborarão com mais detalhes tudo o que foi definido no *term sheet*. Para pensarmos em uma analogia, digamos que *term sheet* é a base e a estrutura da casa, no entanto, as paredes e o acabamento são definidos em detalhes, com os demais contratos, como o acordo de investimento ou o contrato de mútuo conversível, conforme for o caso, o acordo de acionista, as garantias, o estatuto social ou o contrato de emprego.

Para se ter uma ideia do nível de detalhes, as cinco ou seis páginas do *term sheet* viram mais de duzentas com todos os contratos prontos.

Dificilmente algum termo definido no *term sheet* será alterado nessa fase, por isso a importância de ter um *term sheet* bem estruturado e bem negociado junto a um bom advogado.

De acordo com a negociação feita entre o investidor e o empreendedor, o contrato que detalhará as condições do investimento pode ser de três modalidades:

1. Contrato de mútuo conversível.
2. Acordo de investimento.
3. Contrato de compra e venda de ações.

1. CONTRATO DE EMPRÉSTIMO CONVERSÍVEL EM INVESTIMENTO

Conforme vimos anteriormente, alguns investidores, principalmente no Brasil, preferem a modalidade de mútuo conversível, em vez de ter as ações diretamente na empresa. Eles só exercem o mútuo se a empresa der certo e não correm o risco de ser acionados juridicamente caso a empresa naufrague.

Como eu disse anteriormente, desaconselho esta modalidade quando o investidor determina que o mútuo deverá ser pago pelo empreendedor caso o negócio não dê certo. Busque um perfil de investidor profissional que aceite o risco do negócio, e não um que queira ganhar no *up side* e cobrar do empreendedor no *down side*.

2. ACORDO DE INVESTIMENTO

O acordo de investimento, que é a modalidade mais tradicional, principalmente a partir da série A, é utilizado nos casos em que o investidor adquire as ações diretamente da empresa-alvo, ou seja, a empresa emite ações, conforme vimos anteriormente, e ele passa a ser sócio direto na empresa. A totalidade dos recursos é aportada na empresa.

O acordo de investimento conta com uma estrutura similar à do contrato de compra e venda de ações, prevendo a assinatura e o fechamento em momentos distintos.

Nesse contrato estão determinadas as condições precedentes ao fechamento do negócio, a forma de integralização dos recursos, as declarações e as garantias da empresa, que consistem em informações sobre a companhia passadas pela própria e por seus acionistas atuais, além dos mecanismos de indenização por contingências passadas.

3. CONTRATO DE COMPRA E VENDA DE AÇÕES

Este contrato é utilizado quando o fundo decide comprar uma quantidade de ações diretamente de um dos sócios. Nesse caso, os recursos vão para o sócio, e não para a empresa. É extremamente raro que esta modalidade aconteça em rodadas iniciais, afinal, o investidor não tem nenhuma intenção de que o empreendedor veja qualquer liquidez antes de ter o retorno de seu investimento.

Assim como no acordo de investimento, a data de assinatura desse documento não coincide com a data de fechamento da transação, uma vez que o investidor normalmente condiciona o investimento ao cumprimento de determinadas condições precedentes.

Nos contratos de compra e venda de ações, assim como nos acordos de investimento, a empresa e o investidor conferiram um ao outro determinadas declarações e garantias (*representations and warranties*), em que se comprometem com a veracidade das informações prestadas na negociação.

Essas cláusulas servem para oficializar as garantias e os pressupostos da transação, permitindo que, constatado o descumprimento ou a falsidade de qualquer uma delas, a parte contrária possa requerer perdas e danos perante as cortes ou um árbitro, dependendo do mecanismo previsto no contrato.

As cláusulas de declarações e garantias, junto com o relatório de auditoria, também servem como base para a cláusula de indenização por perdas futuras da empresa, em razão de dívidas e contingências existentes. Se surgir, por exemplo, uma ação civil ou trabalhista decorrente do período anterior à entrada do fundo, essas perdas poderão ser objeto de ajuste de preço ou retidas do pagamento. No caso de ajuste de preço, o investidor pode exigir garantias, tal como a alienação fiduciária das ações detidas pelos fundadores.

Existe também a possibilidade de retenção de parte do pagamento como o *holdback* ou a conta *escrow*:

- **Holdback:** os investidores retêm parte do valor do pagamento por determinado período — geralmente pelo prazo de prescrição legal das contingências —, e a transferência aos fundadores é feita à medida que as contingências não ocorrem.

- **Conta *escrow*:** parte do valor é depositado em uma conta vinculada, e a movimentação dos fundos deve observar os termos do contrato, sendo que a transferência ao vendedor ocorre à medida que as contingências expiram.

Outra cláusula muito usual é a *earnout*, que regula o valor de acordo com o atingimento de metas financeiras preestabelecidas pela empresa.

31

ACORDO DE ACIONISTAS

No acordo de acionistas, são detalhadas de forma definitiva todas as cláusulas econômicas e de controle, explicadas nos capítulos sobre *term sheet*, além de ser definida a relação da sociedade com os direitos e deveres dos sócios-fundadores — geralmente com ações comuns — e dos sócios-investidores — geralmente com ações preferenciais.

São definidos em detalhes os direitos de veto e o exercício dos direitos dos votos, restrições a transferências de ações, questões de governança, privilégios ou preferências que poderão ter as ações de cada um dos acionistas, no recebimento de valores no caso de liquidação da companhia, e no recebimento de dividendos, entre outros temas já vistos.

São cláusulas extensas e detalhadas que exigem um bom advogado para que nenhum ponto que possa prejudicar o empreendedor passe desapercebido.

OUTROS CONTRATOS

Além do acordo de investimento e de acionista, são também elaborados os demais contratos acessórios já discutidos anteriormente, como:

> ➤ O contrato de prestação de serviços que definirá a relação de trabalho dos empreendedores com a empresa, seu pró-labore,

a não concorrência e outras garantias de cumprimento de deveres.

> Os contratos de cessão de propriedade intelectual que assegurarão que a fonte de rendimentos da empresa e suas invenções estejam protegidas.

32

ASSINATURA (*SIGNING*), FECHAMENTO (*CLOSING*) E PÓS-*CLOSING*

SIGNING

Uma vez que tudo esteja pronto e negociado, é chegada a hora de assinar toda a papelada: é o momento do *signing*. Esse é um momento de grande alegria, afinal, foram superados todos os obstáculos. Geralmente, uma reunião é agendada no escritório dos fundos ou dos advogados, com todos presentes para a assinatura, com direito a estourar um champanhe e tudo o mais.

Após a assinatura dos contratos definitivos e dos instrumentos acessórios, a operação passa a ser vinculante, ou seja, obrigatória para ambas as partes.

CLOSING

Chamado de *closing* ou fechamento formal, é o momento em que o dinheiro efetivamente entra na conta da empresa. São demonstrados o cumprimento das condições prévias e, com isso, é feito o pagamento na forma acordada em contrato e a transferência de titularidade dos bens.

PÓS-*CLOSING*

O pós-*closing* é a última fase, que consiste na finalização do processo de investimento: os atos posteriores à entrada do recurso. É uma fase apenas burocrática, cuidada pelos contadores e advogados, como o registro da alteração de sociedade (cadastro do CNPJ, INSS, FGTS etc.).

A
VIDA DA
EMPRESA APÓS
O INVESTIMENTO

"Se eu tivesse nove horas para derrubar uma árvore, passaria seis horas afiando o meu machado."

ABRAHAM LINCOLN

33

INÍCIO DA VIDA COM OS FUNDOS:
O QUE FAZER OU NÃO FAZER TENDO UM FUNDO COMO SÓCIO

Enfim, foram superados todos os desafios, os documentos foram assinados e a conta da empresa está finalmente recheada de dinheiro como nunca esteve. E agora, como proceder?

O início do relacionamento é como uma lua de mel: todos estão empolgados, são muitas as oportunidades e possibilidades que o capital traz para a empresa. No entanto, é um momento em que o empreendedor deve estar atento, devendo repensar meticulosamente cada passo de sua estratégia daquele momento em diante, porque, como toda lua de mel, dura pouco.

Inicialmente, deverá ser convocada uma reunião de conselho para que o empreendedor CEO da empresa possa apresentar ao fundo e a seus conselheiros em mais detalhes a sua equipe, a fim de discutir e aprovar as estratégias que pretende adotar para atingir as metas nos próximos meses. Sim, agora é preciso aprovação do conselho para tudo! Essa é uma total mudança de *mindset* que o empreendedor deve ter ao receber o investimento. Agora ele não é mais o dono da empresa, mas um acionista e executivo da empresa. Ele pode ser demitido, se o conselho assim decidir.

Vamos supor que durante a captação foi apresentado um *deck* com projeções financeiras a serem cumpridas, com metas de faturamento, margens, queima de caixa etc. As metas definidas não podem estar muito diferentes daquelas que foram apresentadas, por isso a importância de sempre ter um *deck* condizente com a realidade e as possibilidades da companhia.

Empreendedores que exageram demais em suas previsões quando estão captando se esquecem, às vezes, de que, quando tiverem captado os recursos, terão que entregar os números prometidos. O investidor avaliará mensalmente o cumprimento dessas metas, e qualquer deslize por parte do empreendedor pode fazer a relação azedar, e então a lua de mel terá terminado.

É muito importante que o empreendedor não apenas cumpra a meta, como a supere sempre que possível. Igualmente importante é que ele fique sempre muito atento ao caixa da empresa. Se o dinheiro acabar e as metas não tiverem sido cumpridas, independentemente da razão, será muito difícil fazer uma nova captação.

> Me lembro bem de quando estava passando pelo processo de me tornar um empreendedor Endeavor em 2012 durante uma entrevista com Carlos Alberto Sicupira, um dos empreendedores de maior sucesso no Brasil, sócio de Jorge Paulo Lehmann e de Marcel Telles no fundo 3G Capital, donos da Ambev, Heinz, Lojas Americanas, B2W e outras grandes empresas.
>
> Eu havia acabado de fechar minha série A com o Atomico, e quando fui apresentar a ele as projeções de faturamento do meu deck de captação, em que projetava crescer 300% durante o próximo ano, ele disse de maneira direta, como é de seu feitio: "Não irei te aprovar para a Endeavor este ano porque suas projeções são muito agressivas, e se acontecer qualquer revés na economia e você não entregar essas projeções, estará fora da sua empresa e não conseguirá fazer uma próxima rodada de captação."

INÍCIO DA VIDA COM OS FUNDOS (...)

Lembro-me de que levei um grande susto ao escutar aquilo. Eu estava diante de um dos brasileiros mais agressivos comercialmente, que pregava o "grande sonho" do empreendedor com grandes metas.

Nesse momento, a Sofia, gestora da Endeavor que me acompanhava no processo de seleção, perguntou a ele: "Mas e se ele diminuísse as metas, você o aprovaria?" Ao que respondeu: "Agora não é mais possível mudar a rota. A bala já saiu da agulha, e ele terá que entregar o que prometeu em sua captação."

Graças a Deus, e a muito trabalho, naquele ano consegui cumprir a meta, e em 2013 voltei para o processo com metas menos agressivas e fui aprovado pela Endeavor.

Também aprendi uma importante lição: quando se captam recursos com um fundo, é melhor ser mais conservador e surpreender positivamente do que errar para menos e colocar tudo a perder.

CAIXA, CAIXA, CAIXA

Quando os recursos entram, principalmente quando a empresa já está em uma série A e foi transformada em uma S.A., os custos aumentam exponencialmente. De repente, é necessário contratar uma empresa de auditoria para dar tranquilidade ao fundo quanto ao uso adequado dos recursos, contratar profissionais caros, muitas vezes C-level — que até então a companhia não teria recursos para contratar —, uma equipe para conseguir entregar o resultado prometido, o investimento em *marketing*, uma nova sede para acomodar a nova equipe, novos custos não previstos nos planos, e assim por diante.

Quando o empreendedor se dá conta, está gastando duas, três vezes mais do que antes do investimento, e as receitas geralmente não acompanham o crescimento dos custos na mesma velocidade.

Essa é uma grande armadilha à qual o empreendedor precisa estar atento. Após receber o investimento, é fundamental que o empreendedor, mais do que nunca, seja zeloso com o caixa da empresa e com cada real gasto. É importante se lembrar sempre de que o *equity* é o dinheiro mais caro que existe, pago com uma importante participação da empresa. Se esse recurso acabar antes do momento previsto ou antes que o empreendedor tenha captado uma nova rodada necessária, ele estará em sérios apuros.

REUNIÕES DE CONSELHO

O conselho é também uma nova realidade para o empreendedor. Até então, as decisões eram tomadas a partir de suas reflexões ou intempestivamente durante reuniões no final do dia, em restaurantes ou bares, com os sócios-fundadores ou sua equipe. Agora ele é obrigado a responder a um conselho. Esses conselheiros, como explicado anteriormente, serão os chefes do CEO da empresa e têm a prerrogativa de demiti-lo, caso entendam que é o melhor caminho para a companhia. Portanto, o bom relacionamento com o conselho é fundamental para a vida do empreendedor.

O relacionamento começa com uma postura profissional por parte do gestor, tanto durante as reuniões do conselho quanto na gestão diária da empresa e preparação do material que vier a ser discutido. O material deve ser sempre enviado com antecedência, para a boa preparação dos conselheiros, devendo constar temas estratégicos relativos à empresa.

O CEO deve estar sempre muito bem preparado e embasado para passar a confiança necessária para que seus projetos sejam aprovados durante as reuniões, mas também será obrigado a ceder quando suas argumentações forem vencidas e os projetos não forem aprovados.

Acima de tudo, é importante cultivar um bom relacionamento pessoal com todos os envolvidos. Os conselheiros são seres humanos, como todos nós, com seus medos, suas inseguranças, qualidades e falhas, e no final do dia, empatia e confiança são sempre fatores determinantes nas tomadas de decisão. É, portanto, papel do empreendedor conquistar com empatia e confiança seus conselheiros.

34

OS FUNDOS NÃO IRÃO AJUDÁ-LO A FAZER NOVAS CAPTAÇÕES, O PROBLEMA CONTINUA A SER DO EMPREENDEDOR!

Um dos grandes erros do empreendedor ao fazer sua primeira captação é acreditar que, depois dela, nas demais, tudo ficará mais fácil, afinal, ele já possui um fundo capitalizado como sócio. Esse é um grande engano, porque, se não houver novos fundos interessados na empresa no futuro, o atual não investirá e deixará a empresa quebrar ou irá fazê-lo a condições muito ruins para o empreendedor.

Eu passei por esse problema, fiz minha série B de US$5 milhões na Bebê Store. O primeiro problema é o seguinte: imagine que um fundo X investiu, há um ano, R$1 milhão em sua empresa com o *pre-money* de R$3 milhões. O *post-money* dessa empresa ficou em R$4 milhões, e o fundo X ficou com 25% da empresa. O empreendedor ficou com 75%. Com esse recurso, o empreendedor multiplicou por três vezes o faturamento da empresa e entregou os resultados acima do que estava previsto.

INVESTIMENTO DA SÉRIE A AO *PRE-MONEY* DE R$3 MILHÕES

Empresa Startup X Valor da Empresa Série A *Pre-money* R$3 milhões			
	Ações	Participação %	Participação R$
Sócio A	1.500	75%	3.000
Fundo 1	500	25%	1.000
TOTAL	**2.000**	**1**	**4.000**
Valor da ação	2		
Valor da empresa			**4.000**

Na cabeça do empreendedor, essa empresa deveria valer, no mínimo, três vezes mais o *pre-money* anterior, isto é, R$9 milhões. Isso sem contar todos os desafios que foram superados durante o ano e a evolução do produto.

O caixa acaba, e o empreendedor — que não estava se preparando e fazendo novos *road shows* para captar mais recursos — se vê obrigado a voltar ao fundo do qual já é sócio e investidor a fim de fazer uma nova rodada interna para a série B de mais R$4 milhões para o novo ciclo de crescimento da empresa.

O fundo, na melhor das hipóteses, olhará para a empresa, caso ainda esteja confiante nela, e dirá: "Tudo bem, eu faço a rodada. No entanto, o máximo que pagarei será o *post-money* da última rodada. Afinal, a empresa para mim, hoje, vale o que valia um ano atrás mais o recurso que investi, portanto, me disponho a investir os R$4 milhões a um *pre-money* de R$4 milhões." Nesse caso, o empreendedor que tinha 75% da empresa será diluído em mais 50% e irá para 38,5%. O fundo, com os 50% adicionais mais a diluição dos 25% da série A, ficará com uma participação total de 62,5%.

INVESTIMENTO DA SÉRIE B AO *PRE-MONEY* DE R$3 MILHÕES

Empresa Startup X Valor da Empresa Série B interna *Pre-money* R$4 milhões			
	Ações	Participação %	Participação R$
Sócio A	1.500	38%	3.000
Fundo 1 Série A	500	13%	1.000
Fundo 1 Série B	2.000	50%	4.000
TOTAL	**4.000**	**1**	**8.000**
Valor da ação	2		
Valor da empresa			**8.000**

Observe o desastre que essa situação causa na participação do empreendedor. E, como eu disse, esse seria o melhor cenário.

Em um cenário intermediário, o fundo poderia fazer uma rodada de *down round*, podendo argumentar que, devido a uma performance não satisfatória da empresa, ela vale no presente momento menos do que quando fez o investimento. Nesse cenário, além da diluição natural da rodada, ainda poderiam ser acionadas as cláusulas de antidiluição, e, conforme vimos anteriormente, o empreendedor teria que suportar os 12,5% da diluição das cotas do investidor obtidas na série A. A participação final do empreendedor iria para próximo de 20%, dependendo da estrutura da cláusula de antidiluição.

Já no pior cenário, o fundo poderia simplesmente dar seu *stop loss* (limite de perda) ao valor já investido, decidir não investir mais nada e deixar a empresa quebrar.

Outra importante lição que aprendi errando com a Bebê Store foi que o empreendedor jamais pode se colocar em uma situação em que o caixa acabou e ele está à mercê do sócio-investidor.

É da natureza de qualquer investidor querer fazer o melhor investimento possível com seus recursos. A partir do momento em que o empreendedor se coloca em uma posição de extrema dependência do investidor, que já conhece a empresa, suas dificuldades e sua falta de caixa, o investidor, quem quer que seja, agirá para maximizar seu lucro e garantir a maior participação possível dentro da empresa investida.

Quando o caixa da empresa acaba, é o momento perfeito para o investidor exigir qualquer condição para o empreendedor, pois sabe que este não tem nenhuma outra alternativa e será obrigado a aceitar, ou a empresa quebrará.

Foi isso o que aconteceu quando fiz minha primeira captação com o *closing* em dezembro de 2011: o fundo pediu que eu crescesse a empresa a qualquer preço. Após a rodada em nossa primeira reunião de conselho, acordamos um crescimento de 300% para o ano de 2012. Eu disse que conseguiria entregar o crescimento, mas que não abriria mão da margem e nem daria frete grátis indiscriminadamente, como fazia a Baby, nosso concorrente na época.

Em seis meses, conseguimos entregar o crescimento prometido para o final do ano, tendo triplicado o faturamento. Mantivemos as margens, o *ticket* médio e o custo de frete estável. No entanto, o caixa acabou. Foquei tanto a operação e a meta estabelecida, que durante aquele período não passou pela minha cabeça que, quando eu fosse precisar de mais capital, o fundo fosse ser tão implacável quanto foi. Afinal, fiz muito melhor do que o combinado, e a performance da empresa foi excepcional.

Mas não foi o que aconteceu. Ao chegar próximo ao final do caixa, fizemos uma nova reunião de conselho e, como já sabiam pelos relatórios que vinham recebendo mensalmente, informei que nosso caixa estava chegando ao fim. A negociação foi muito difícil, e a todo momento me confrontavam com a possibilidade de não colocarem mais dinheiro e deixar a empresa quebrar, mesmo com todo o avanço feito.

Ao final, tive que aceitar e engolir uma nova rodada ao *valuation* do *post-money* da última rodada, tendo sofrido uma grande diluição.

Em 2014, passei pela mesma situação, quando perdemos o investimento da Naspers, conforme relatei na primeira parte do livro.

Perceba que segurar o caixa e manter ativo o processo de captação (*fund raising*) passa a ser de vital importância para a vida e permanência da empresa e do empreendedor.

O CEO de uma startup que foi investida por um fundo e ainda está na fase de queima de caixa terá que dedicar uma importante parte de seu tempo ao processo contínuo de captação, conhecendo novos fundos e se preparando para a próxima rodada de investimentos.

O processo de *fund raising*, após a primeira rodada, passa a ser mais uma das tarefas de suma importância para a sobrevivência da empresa e do empreendedor dentro dela.

35

POSSIBILIDADES DE *EXIT*

Bom, quando conseguir chegar neste ponto, com uma boa empresa e uma boa proposta, você terá conseguido o sonho da maior parte dos empreendedores de startups: vender sua empresa ou abrir um IPO e finalmente ter sua conta recheada de dinheiro.

Por incrível que pareça, a maior parte dos empreendedores que conseguem chegar nesse ponto são exatamente aqueles que não tinham traçado esse objetivo como maior meta. E por que isso acontece?

Por uma razão muito simples: esses empreendedores dedicaram seu tempo, tiveram foco e determinação em criar uma empresa excepcional e lucrativa, cujo objetivo é entregar um grande produto ou prover um excelente serviço, e a venda futura ou o IPO não foi nada além de uma consequência natural.

Esse é o ponto em que uma grande parte dos empreendedores falha. A pressão por parte dos fundos, do mercado e internas ao próprio empreendedor muitas vezes o levam a querer seguir o caminho mais rápido e fácil, sacrificando a visão de longo prazo da empresa e colocando todo o negócio e trabalho em risco.

Uma empresa só consegue ter sucesso se a gestão for focada no longo prazo e se prover os melhores serviços e produtos possíveis para o cliente. Nunca se pode esquecer isto.

Existem algumas formas de saída do negócio, ou *exit*, seja ela por meio de fusão, venda estratégica, venda para um fundo de *private equity* ou o tão desejado IPO na Bolsa.

Em qualquer dessas alternativas, será o momento em que o fundo venderá sua participação e sairá da empresa, mas para o empreendedor pode não acontecer a mesma coisa.

Como vimos anteriormente, o fundo tem uma série de prioridades e preferências na venda da empresa, e só após elas serem cumpridas o empreendedor verá dinheiro na conta.

Além disso, é muito comum, em casos tanto de IPO quanto de venda, que o empreendedor tenha um período de *lock up*, ou seja, ele deverá continuar a trabalhar na empresa por um período que varia de dois a quatro anos adicionais, quando só então, de acordo com as novas metas estabelecidas, terá a chance de ver um retorno. Portanto, mesmo no caso de um *exit* de sucesso, na maioria das vezes a maratona e os desafios continuam para o empreendedor.

Nos casos de venda estratégica e fusão, a empresa não necessaria-mente precisa estar gerando caixa, mas naturalmente, se estiver, os múl-tiplos e o poder de negociação do empreendedor são infinitamente maio-res. Afinal, ele não precisará vender, a menos que tenha uma proposta excepcional. Como diz um amigo meu, "só vendo se o comprador errar na proposta e colocar um zero a mais".

Já a venda para um fundo de *private equity* e para um IPO (com raras exceções, como a Uber, por exemplo), a empresa precisa ser grande, lucrativa, apresentar boas margens e um crescimento de dois dígitos (mais de 10% pelo menos, preferencialmente superior a 20%).

CONCLUSÃO

"Quando te dedicares ao trabalho, faça-o com todas as forças de teus braços. Quando te dedicares ao raciocínio, faça-o com todo o poder da sua mente. Quando te dedicares ao amor, faça-o com toda a força do teu coração."

CONFÚCIO

"A única maneira de fazer um excelente trabalho é amar o que você faz. Se você ainda não encontrou o que é, continue procurando. Não sossegue. Assim como todos os assuntos do coração, você saberá quando encontrar. E, como em qualquer grande relacionamento, só fica melhor à medida que os anos passam.

Então, continue procurando até você achar. Não sossegue. Não deixe que o barulho da opinião dos outros cale a sua própria voz interior.

Você não consegue conectar os pontos olhando para a frente. Você só os conecta quando olha para trás. Então, tem que acreditar que, de alguma forma, eles vão se conectar no futuro.

Você tem que acreditar em alguma coisa — sua garra, destino, vida, karma ou o que quer que seja. Essa maneira de encarar a vida nunca me decepcionou e tem feito toda a diferença para mim."

STEVE JOBS
Stanford, 2005

Este trecho anterior é parte de um discurso que Steve Jobs fez para os formandos da Universidade de Stanford em 2005. Recomendo a todos que assistam. É um discurso maravilhoso e me tocou profundamente.

Empreender não é fácil e não é para os fracos de coração. Empreender é sonhar e correr atrás desse sonho, com todos os riscos, as incertezas e desafios que surgem a cada dia. São noites sem sono, um frio na barriga constante. É se aventurar no novo, sem um mapa ou bússola que te deem a direção ou que te garantam chegar ao seu destino.

Empreender é cair, sacudir a poeira e começar novamente, com mais aprendizado e com ainda mais garra, foco e determinação em acertar. É não aceitar a derrota e não desistir de seus sonhos.

Para ter a resiliência necessária para chegar ao sucesso, é imprescindível que o empreendedor ame e acredite no que faz, porque dinheiro nenhum no mundo consegue motivar alguém a cruzar esse mar árduo e arriscado do empreendedorismo sem que exista uma genuína paixão do empreendedor por transformar aquele sonho em realidade.

> Certa vez, um argentário banqueiro foi visitar a casa onde Madre Tereza cuidava dos enfermos e ficou observando a dedicação, o cuidado e o carinho dela para com todos. Depois de algum tempo, ele se aproximou de Madre Teresa, que fazia um curativo em um homem muito doente, e disse: "Irmã, eu não faria isso por dinheiro nenhum do mundo!" Ela olhou para ele, sorriu em silêncio, e falou baixinho: "Nem eu, meu filho."
>
> Madre Teresa de Calcutá foi um exemplo de bondade e de amor ao próximo e recebeu o Prêmio Nobel da Paz em 1979.

PARTE BÔNUS

MÉTODO 1EM100 E-CAPTEI

> "Todos podem ver as táticas de minhas conquistas, mas ninguém consegue discernir a estratégia que gerou as vitórias."
>
> **SUN TZU**

36

O MERCADO BRASILEIRO DE STARTUPS

FATOS SOBRE O MERCADO BRASILEIRO DE STARTUPS E INVESTIMENTOS

- Existem cerca de 8 mil investidores-anjo, totalizando mais de R$1,8 bilhão em recursos disponíveis para investir.
- Em 2020, foram investidos US$3,5 bilhões em startups. Mesmo com a pandemia, os investimentos foram 17 % maiores que em 2019, segundo a Distrito.
- Com a baixa taxa de juros, cada vez mais investidores estão migrando uma parte de seus investimentos para o mercado de startups.
- Existem 7.560 startups, e esse número tem crescido de forma exponencial.
- Menos de 4% das startups conseguem captar recursos para seus negócios.

E O QUE TUDO ISSO SIGNIFICA PARA VOCÊ?

Significa que o ambiente no Brasil nunca foi tão propício quanto agora para iniciar ou escalar um novo projeto no país.

Os recursos são abundantes, o que faltam são projetos bem elaborados, com empreendedores bem preparados, que estejam prontos para receber um investimento.

Portanto, se você tiver um bom projeto/negócio, se preparar com um material profissional, entender como funciona esse ambiente e conhecer quem são os *players*, terá grandes chances de conseguir o investimento de que precisa.

Afinal, dinheiro é o que não falta!

37

PARA QUEM É O MÉTODO 1EM100 DO E-CAPTEI

No Método 1em100, você aprenderá como criar do zero o negócio dos seus sonhos, entenderá quais os passos necessários para transformar seu projeto em uma empresa, mesmo quando você não tem recursos próprios para investir, e como conseguir os recursos necessários para transformá-los em empresas de sucesso

Se você já empreende ou pretende empreender, está em um momento em que é necessário:

> abrir do zero ou escalar seu negócio;

> saber o valor de sua ideia ou negócio (*valuation*);

> tirar sua ideia do papel e transformá-la em realidade;

> buscar um sócio para seu novo projeto ou sua empresa;

> buscar um investidor para sua startup;

> conseguir uma linha de financiamento;

> vender sua empresa.

PARA QUEM É O MÉTODO 1EM100?

Para facilitar, farei a seguir uma lista de para quem o Método 1em100 funciona:

> **Empreendedor** — Seja seu negócio uma startup ou mesmo um negócio tradicional, desde a concepção até estágios mais avançados, você aprenderá como ter acesso ao mercado de captação de recursos, com Friends & Family, Anjos, Seed, VC, Estratégico, Family Office e Crowd Funding.

> **Investidores-anjo** — Se você é ou quer se tornar um investidor-anjo, o método mostrará os detalhes de como funcionam os dois lados da mesa, de maneira que você possa investir em uma startup de maneira segura e construtiva para ambas as partes.

> **Advogados** — Aqui você terá uma imersão no ambiente de startups e poderá aprimorar seu conhecimento e serviços para seus clientes.

> **Mentores e consultores** — O Ambiente de startups e inovação é um mundo à parte do tradicional. Aqui você aprenderá todo o mecanismo desse modelo e a melhor forma de atuar nesse mercado.

> **Aspirante a empreendedor** — Se esse for o seu primeiro negócio, nosso Método será um passo transformador em sua preparação e capacitação técnica, o que te permitirá deixar seu emprego e seguir a carreira empreendedora.

AO LONGO DO MÉTODO, VOCÊ APRENDERÁ A:

1. **Elaborar um plano de negócios e um *pitch* de sucesso.** Você aprenderá quais são os indicadores e KPIs fundamentais que os investidores olham e o passo a passo da elaboração de seu plano de negócios, o que ele deve conter e o que não pode ter para que você consiga o investimento de que precisa.

2. **Encontrar o investidor ideal para o seu negócio.** Seja este investidor uma pessoa física, um investidor estratégico ou um fundo

de investimento, neste módulo você conhecerá todo o ambiente de investimentos: quem são, qual o volume de investimento, como pensam e como tomam a decisão de investir em um negócio. Você aprenderá como funciona o ambiente de investimentos em startups ou em empresas tradicionais.

3. **Apresentar e seduzir o investidor a realizar o investimento no seu negócio.** Neste módulo você aprenderá poderosas técnicas de negociação e como se portar em uma reunião com investidores para chegar ao sim para o investimento em sua empresa.

4. **Negociação dos termos de investimento e fechamento da captação.** Tão importante quanto encontrar um investidor é fechar o investimento com condições boas para o empreendedor. Aqui você aprenderá todos os termos importantes a serem negociados na proposta de investimento, para que continue tendo o controle de sua empresa e para que, em um possível momento de venda futura do negócio, você garanta que terá uma boa participação no valor final da empresa.

"A felicidade não é um destino, é uma viagem. A felicidade não é amanhã, é agora. A felicidade não é uma dependência, é uma decisão. A felicidade é o que você é, não o que você tem."

OSHO

38

INTRODUÇÃO
AO MÉTODO E-CAPTEI

O maior desafio de todo empreendedor é assegurar os recursos necessários para iniciar ou escalar sua startup.

Durante as centenas de mentorias que fiz ao longo da vida, percebi que as maiores dúvidas dos empreendedores eram três:

1. Como saber qual das metodologias de validação de ideia, crescimento ou gestão aplicar em cada momento da empresa para ter os melhores resultados?

2. Como elaborar um *business plan* e um *deck* de captação que seja atrativo para os investidores?

3. Como organizar um *road show* e ter sucesso na captação?

E foi pensando em responder a essas três perguntas que, depois de muita reflexão, cheguei à conclusão de que a melhor maneira seria por meio de um conteúdo apresentado de forma digital, que permitisse, ao mesmo tempo, organizar um conteúdo de forma interativa e dinâmica e impactar um grande número de empreendedores em qualquer lugar do Brasil.

E assim, criei a empresa **e-captei** e desenvolvi o Método 1em100, que ensina como fazer uma captação em 100 dias.

O Método 1em100 é um mapa completo com o passo a passo que te ajudará não apenas a se preparar de maneira profissional, mas também a encontrar e a se conectar com o investidor ideal para seu estágio de negócio.

Seu conteúdo é organizado de maneira didática e objetiva com as metodologias que utilizo e que, quando colocadas em prática, tornam possível que outros empreendedores possam também se preparar para seguir um caminho de sucesso.

Nela estão consolidados os conhecimentos obtidos por meio de lições vividas na prática ao longo dos meus mais de vinte anos empreendendo e mediante a interação direta com alguns dos maiores empreendedores e fundos nacionais e internacionais.

Incluo também, no Método, os aprendizados que tive em Harvard, durante o OPM, sobre as melhores técnicas de negociação e estratégia ensinadas por alguns dos melhores professores do mundo.

Essas técnicas foram colocadas à prova em centenas de startups de sucesso, e com o **Método 1em100 e-captei,** o empreendedor terá a oportunidade de aprender o passo a passo e de colocá-las em prática também em suas empresas.

O aprendizado das metodologias do método e-captei desmistifica um processo comprovado de sucesso que, uma vez seguido, dará ao empreendedor ferramentas poderosíssimas para o crescimento e o sucesso de sua *startup*, desde a concepção da ideia até a possível venda de sua empresa (*Exit*).

Trago *insights* e segredos dos bastidores do mundo do empreendedorismo e mostro como fazer captações de milhões de reais em recursos com fundos e investidores.

Esse conteúdo dá o passo a passo de como construir a empresa no modelo *lean startup*, quais processos devem ser seguidos, como montar e motivar o time, quais as principais métricas e KPIs que devem ser utilizados para medir o sucesso do negócio e como construir um *business plan* atrativo para que os fundos queiram investir na empresa.

Compartilho também, ao longo do método, aprendizados que tive como empreendedor Endeavor e como ela me ajudou a captar recursos e obter conhecimento por meio de mentorias extraordinárias que tive com dezenas de empreendedores de extremo sucesso, como Jorge Paulo Lehman, Carlos Alberto Sicupira, Luiza Helena Trajano, dentre outros, e como a Endeavor pode ajudar o empreendedor nessa jornada.

Mostro detalhes de como montar um *road show* de captação, selecionando apenas os melhores fundos que fazem sentido para o momento de sua empresa, para que o empreendedor não gaste tempo e energia desnecessários com intermináveis reuniões com investidores que, no final, acabarão não investindo em sua empresa.

Apresento as metodologias utilizadas para fazer o *valuation* e definir o quanto vale sua empresa, para que você esteja preparado quando for captar.

Enfim, meu objetivo é compartilhar todo esse conhecimento vivido para que você empreendedor também consiga ter sucesso em sua startup e, se necessário, consiga levantar os recursos suficientes para que seu produto e sua empresa possam deixar um marco positivo em nosso país e, quem sabe, no mundo!

O que desenvolvi não foi nenhuma fórmula mágica de sucesso, mas sim o conhecimento e as metodologias necessárias que, aplicadas da maneira correta e no momento correto, são poderosas ferramentas e, se aliadas a muito trabalho e dedicação, poderão ser determinantes no sucesso da empresa.

> "Não tenho nenhum talento especial. Apenas sou apaixonadamente curioso."
>
> **ALBERT EINSTEIN**

39

DIVISÃO DOS MÓDULOS DO MÉTODO E-CAPTEI

A o longo de sua jornada, uma empresa de tecnologia (startup) passa por algumas fases, ou ciclos, em que suas necessidades, seus objetivos e suas metas são completamente diferentes daqueles das fases anteriores.

Eu dividi essas fases em seis etapas principais, conforme o gráfico a seguir:

Fases da Startup

$

Matur.

Consolida.

Escalada

Início

Concepção

6. EXIT

Via exits tradicionais de fundos de *private equity* e *venture capital*. Via de regra, a empresa já está gerando caixa e consolidada em seu mercado.

5. MATURIDADE

Empresa já madura, com menor velocidade de crescimento e maior geração de caixa.

4. CONSOLIDAÇÃO - CRESCIMENTO /EXPANSÃO

Consolidação do mercado e início da geração de caixa positivo da empresa.

3. ESTÁGIO INICIAL

Estruturação do time comercial e início do crescimento da empresa; gestão e acompanhamento via métricas e KPIs.

2. STARTUP

Abertura da empresa, criação de MVP e validação das teses de mercado e modelo de negócios.

1. CONCEPÇÃO

Validação do conceito e da ideia elaborando o primeiro BP e a definição do MVP.

O **Método 1em100** foi desenvolvido de modo a que ele consiga ser aplicado de acordo com as necessidades específicas de cada fase da startup.

Por exemplo, o conceito de cultura de empresa, quando uma startup está em sua fase de concepção, e existem nela apenas seus dois fundadores, é completamente diferente do conceito aplicado quando a empresa está em fase de escalada com centenas de funcionários.

As necessidades de controle de indicadores de performance ou *Key performance Indicators* (KPI) de uma startup em expansão são completamente diferentes daquelas de uma startup em fase de desenvolvimento do protótipo (MVP).

Também é diversa a forma de se elaborar um *Business Plan* (BP) e um *deck* de captação para uma ideia no papel ou uma empresa já em operação. Além do formato do *deck*, as necessidades de recurso serão diferentes, e, com isso, os perfis dos potenciais investidores também mudam.

Portanto, o método tinha que ser dinâmico e adaptável a cada momento de vida da startup.

Criei, então, o Mapa do Êxito da Startup, com nove passos divididos em três grandes módulos:

> Módulo I — Início/Preparação

> Módulo II — *Road Show* de Captação

> Módulo III — Entrada do Investidor

MAPA DO ÊXITO DA STARTUP

A seguir você pode ver o mapa, composto por nove quadrantes ou etapas, de acordo com cada um dos três módulos, que vão desde a fase de concepção e viabilidade da ideia, passando pela criação da empresa, obtenção dos recursos necessários para sua viabilidade, crescimento e gestão do negócio.

DIVISÃO DOS MÓDULOS DO MÉTODO E-CAPTEI

MÉTODO 1EM100 MAPA DO ÊXITO DA STARTUP

INÍCIO/PREPARAÇÃO	*ROAD SHOW* DE CAPTAÇÃO	ENTRADA DO INVESTIDOR
1 SUA IDEIA › Como validar sua ideia › Como validar o mercado › Como validar o modelo de negócio › Montando seu MVP › Como estruturar seu projeto do zero. › Técnicas de gestão ágeis	**6 COMO TER SUCESSO NA NEGOCIAÇÃO** › 14 Técnicas da metodologia de **Harvard** para ter sucesso nas negociações › Negociando valores e termos sem perder o controle da empresa › **Chegando ao SIM** do envestimento	**7 O *TERM SHEET* (MOU ou LOI)** › 25 termos fundamentais da proposta de investimento e **como se proteger** › Modelo do contrato para download › *Stock option*, termos de controle, termos econômicos › Riscos de *valuation* e como diluir o mínimo a sua participação
2 SEU PLANO DE NEGÓCIO › Os 12 passos para a elaboração de um plano de negócios. › O *deck* de captação. › Os pontos fundamentais › Exemplos de PN de sucesso › Indicadores KPIs de Marketing, Comercial e Satisfação do Cliente	**5 AGENDANDO AS REUNIÕES** › Como selecionar e abordar potenciais investidores (*pitch*) › Como apresentar sua empresa › Pontos fundamentais para o sucesso da captação (*deck* perfeito) › Passo a passo para conseguir agendar e fazer o *pitch*	**8 *DUE DILIGENCE* E CONTRATOS FINAIS** › Cuidados no processo de *due diligence* › Contratos finais › Organização societária › Debentures conversíveis e outros modelos para download
3 SEU FINANCEIRO › Projetando despesas e receitas › Fluxo de caixa e DRE › Descobrindo quanto recurso será necessário (*J Curve*) › Como determinar o valor do seu projeto (*valuation*) › Planilhas modelo e exemplos para download	**4 TIPOS DE INVESTIDORES** › Investidores para startups (5 tipos) › Investidores para negócios tradicionais (4 tipos) › Como encontrar o perfil ideal para seu projeto › Como funciona o ambiente de captação	**9 A ENTRADA DOS RECURSOS** › A vida da empresa após a entrada dos recursos › Cuidados essenciais para o sucesso da relação com o investidor › Responsabilidades do empreendedor › **AULAS BÔNUS**
Passos para a criação do seu projeto do zero	**+ Passos para a captação de recursos**	**= Sucesso no lançamento de seu negócio do zero**

MÓDULO I — INÍCIO E PREPARAÇÃO

Existem no mercado centenas de livros, milhares de artigos, cursos de MBA e outros cursos com técnicas e conceitos de empreendedorismo e suas aplicações em startups.

São tantas metodologias, que muitas vezes o empreendedor fica perdido, sem saber quais são aquelas adequadas àquele momento específico de sua startup. Ou então quais metodologias ele deve priorizar, não apenas as que realmente geram valor para crescimento da empresa, mas também aquelas que tornam sua startup atrativa para conseguir um investidor.

Será apresentado, ainda neste módulo, o passo a passo completo de:

> ▸ Como funciona cada metodologia.

> ▸ Qual metodologia é adequada para cada estágio de sua empresa.

> ▸ Como implementar e ajustar cada metodologia para a realidade de seu negócio.

> ▸ Quais são os resultados e *benchmark* de mercado para cada uma delas.

> ▸ Quando o empreendedor deverá seguir sua ideia original ou pivotar seu modelo para torná-lo mais atrativo;

> ▸ Quanto recurso será necessário para o crescimento de sua empresa.

São inúmeras ferramentas que bem assimiladas e corretamente aplicadas proporcionam ao empreendedor a oportunidade de ajustar sua estratégia e pivotar seu negócio e seu produto na direção correta.

Essas metodologias são poderosas ferramentas que auxiliam o empreendedor durante esse aprendizado e aumentam exponencialmente suas possibilidades de sucesso. Com elas é possível identificar mais rapidamente os problemas e solucioná-los, economizando, com isso, o tempo e os recursos escassos da empresa.

DIVISÃO DOS MÓDULOS DO MÉTODO E-CAPTEI

Ao final do Módulo I, o empreendedor terá um mapa com o passo a passo para todas estas metodologias e suas aplicações em cada fase da empresa.

PASSO 1 — SUA IDEIA (MÓDULO I)

O Passo 1 ensino uma sequência de metodologias que utilizo em todas minhas empresas e que são de extremo valor se implementadas corretamente em cada fase da vida de uma startup.

- Como validar sua ideia.
- Como validar o mercado.
- Como validar o modelo de negócio.
- Montando seu MVP.
- Como estruturar seu projeto do zero.
- Técnicas de gestão ágeis.

PASSO 2 — SEU PLANO DE NEGÓCIO (MÓDULO I)

O Passo 2 aborda a elaboração do *business plan* e do *deck* de captação da startup.

Um plano de negócios é um mapa que auxilia o empreendedor a enxergar onde ele quer chegar e qual a rota ideal para atingir esse objetivo.

Naturalmente, esses planos de negócios não são estáticos e vão mudando à medida que o empreendedor tem novos aprendizados durante sua jornada com aquela empresa.

Nesta fase do Método, explico como o *deck* de investimento deve ser montado. Esse *deck* terá como base o plano de negócios da empresa. Apresento também como os fundos fazem para calcular o valor da empresa (*valuation*).

- Os doze passos para a elaboração de um plano de negócios.
- O *deck* de captação.

- Os pontos fundamentais.

- Exemplos de PN de sucesso.

- Indicadores KPIs de Marketing, Comercial e Satisfação do Cliente.

PASSO 3 — SEU FINANCEIRO (MÓDULO I)

Aqui dou exemplos e mostro como chegar ao valor ideal de se captar e organizar as informações estratégicas e financeiras, de maneira que o BP seja realista mas ao mesmo tempo interessante para um fundo decidir investir na empresa.

- Projetando despesas e receitas.

- Fluxo de caixa e DRE.

- Descobrindo quanto recurso será necessário (*J Curve*).

- Como determinar o valor do seu projeto (*valuation*).

- Planilhas modelo e exemplos para download.

MÓDULO II — *ROAD SHOW* DE CAPTAÇÃO

O **Módulo II** também é dividido em três passos e complementará este livro com exemplos práticos e situações vividas por mim e por outros empreendedores em suas jornadas.

Nele você entenderá como funciona todo o processo de *road show* de captação para sua startup ou empresa de tecnologia.

Como vimos anteriormente, captar recursos ou receber um investimento significa que você está vendendo uma participação de sua empresa em troca de um investimento a ser feito para que ela possa crescer. Captar investimento é muito diferente de pegar uma dívida no banco, porque o investidor entra no risco com você em troca de uma participação na empresa.

Serão respondidas perguntas como: os fundos, na maior parte das vezes, investem em empresas que tenham tecnologia envolvida? Se eu quiser abrir um negócio tradicional de comércio, indústria ou varejo, eles têm interesse também?

Em seguida, ensinarei o passo a passo de como captar recursos para viabilizar o sonho de empreender e de alavancar uma startup.

Explicarei, entre outras coisas:

> Como pensam os investidores ou fundos de investimento.

> Quais tipos de fundo são ideais para cada tipo de startup, onde encontrá-los e como abordá-los.

> Os segredos de um bom *pitch* de vendas.

> Como iniciar e como fechar uma negociação com um fundo.

Veja a seguir o detalhamento de cada passo.

PASSO 4 — TIPOS DE INVESTIDORES (MÓDULO II)

Aqui focamos os tipos de investidores e qual é o perfil ideal para sua startup de acordo com a maturidade e o setor em que você está.

> Investidores para startups (5 tipos).

> Investidores para negócios tradicionais (4 tipos).

> Como encontrar o perfil ideal para o seu projeto.

> Como funciona o ambiente de captação.

> Encontrando o investidor ideal para o seu negócio.

PASSO 5 — AGENDANDO AS REUNIÕES (MÓDULO II)

Tão importante quanto saber quem são os investidores é saber abordá--los de modo que sua mensagem seja recebida e que você consiga despertar o interesse para realizar uma reunião. E é sobre isso que falamos nos tópicos a seguir:

> Como selecionar e abordar potenciais investidores (*pitch*).

> Como apresentar sua empresa.

- > Pontos fundamentais para o sucesso da captação (*deck* perfeito).

- > Passo a passo para conseguir agendar e fazer o *pitch*.

Passo 6 — Como ter sucesso nas negociações (Módulo II)

Uma vez abordados os investidores e o interesse despertado, você receberá seu primeiro *term sheet*, e agora é hora de saber negociar os termos mais importantes para você. Vimos muito disso nos capítulos anteriores, e no curso aprofundaremos ainda mais, com detalhes e mais técnicas vencedoras em negociações.

- > 14 Técnicas da metodologia de Harvard para ter sucesso nas negociações.

- > Negociando valores e termos sem perder o controle da empresa.

- > Chegando ao SIM do investimento.

MÓDULO III — A ENTRADA DO INVESTIDOR

Neste terceiro e último módulo, passaremos também por três passos fundamentais na jornada da captação. Os detalhes do *term sheet*, a *due diligence* e a entrada do investidor.

Assim como fizemos neste livro, no método revisaremos cada ponto e traremos ainda mais situações reais que podem impactar significativamente o sucesso de seu negócio a partir da entrada do investidor.

Serão abordados temas como:

- > Principais documentos e termos utilizados no mercado.

- > Termos jurídicos adotados em um *term sheet*/MOU (proposta de investimento).

- > Desafios e armadilhas de uma DD (*due diligence*).

- > Cuidados necessários durante um processo de *signing* (assinatura do contrato final).

- Pontos de atenção até o processo do *closing* (recebimento dos recursos).

- Vida da empresa após receber investimento.

- Possibilidades de exit ou venda da startup no futuro.

A seguir temos o detalhamento de cada um dos três passos desse módulo.

Passo 7 — O *Term Sheet* (MOU ou LOI) (Módulo III)

Repassaremos todos os termos fundamentais do *term sheet* e dos demais contratos e fornecemos, ainda, modelos para download, para que você possa utilizar como base de sua negociação.

- 25 termos fundamentais da proposta de investimento e como se proteger.

- Modelo do contrato para download.

- *Stock option*, termos de controle, termos econômicos.

- Riscos de *valuation* e como diluir ao mínimo sua participação.

Passo 8 — *Due diligence* e contratos finais (Módulo III)

Neste passo, abordamos a *due diligence* e como a preparação prévia pode te ajudar a salvar ou a perder um investimento.

Aqui abordaremos os seguintes temas:

- Cuidados no processo de *due diligence*.

- Contratos finais.

- Organização societária.

- Debênture conversíveis e outros modelos para download.

Passo 9 — A entrada dos recursos (Módulo III)

O Passo 9 é o último e também de crucial importância para o empreendedor, porque, uma vez investido, você passa a ter um sócio, e saber como se portar e se proteger em um bom relacionamento societário será vital para o sucesso de seu negócio.

Os tópicos abordados são:

> ➤ A vida da empresa após a entrada dos recursos.

> ➤ Cuidados essenciais para o sucesso da relação com o investidor.

> ➤ Responsabilidades do empreendedor.

Ao passar pelos três módulos, o empreendedor terá condições de saber quais são as melhores metodologias de validação, gestão, controle e crescimento de sua startup de acordo com a fase em que ela esteja, além de elaborar um material adequado e atrativo para apresentar aos potenciais investidores, e, por fim, estruturar um *road show* de captação para reais chances de sucesso.

BÔNUS PARA "FOUNDERS E-CAPTEI"

Além de todo o conteúdo apresentado, existe, ainda, uma série de benefícios para os empreendedores que participam do Método 1em100, a quem chamo de "Founder e-captei".

Nós, juntos, formamos uma comunidade com enorme poder de network.

1 — Comunidade exclusiva de empreendedores

Com menos de dois anos do projeto e-captei, já somos quase 400 founders e-captei (até setembro 2020), e somados com as captações de minhas empresas, já levantamos mais de R$750 milhões em recursos em de 16 rodadas de captação.

Você fará parte dessa comunidade exclusiva de empreendedores que estão no mesmo momento que você e que têm o mesmo objetivo de vencer! Essa comunidade é uma poderosa força de ajuda, suporte e indicação de produtos e serviços entre todos que querem participar dela.

2 — COMO O E-CAPTEI PODE TE AJUDAR A ENCONTRAR O INVESTIDOR IDEAL PARA SEU NEGÓCIO.

Aqui te darei um diamante que levei vários anos para lapidar!

Você terá acesso à minha lista pessoal com mais de 250 investidores, separados por perfil de investimento, momento da empresa, tamanho do cheque, região e todas outras informações importantes.

3 — CONECTANDO EMPREENDEDORES E INVESTIDORES

Ao final do curso, todo empreendedor tem a oportunidade de nos enviar seu *deck* com um *pitch* gravado, para que possamos dar nossos *inputs* com sugestões de evolução de seu material e de seu *pitch*.

4 — E-CAPTEI CONNECTED

Desde que iniciamos o projeto e-captei, conseguimos conversar e trazer como fundos parceiros e-captei mais de 130 fundos e investidores (e esse número cresce a cada dia).

Esses fundos recebem, diretamente de nós, indicações das startups dos founders e-captei que se adequam ao perfil de investimento de cada um deles.

Uma vez que o investidor se mostra interessado, fazemos então essa conexão, ainda de forma manual, mas que já tem gerado cases de sucesso na captação de nossos founders.

No entanto, com a escala que tomamos em pouco tempo, foi necessário pensar em um sistema que conseguisse trabalhar essa base de dados e fazer essa conexão, ou *match*, de modo mais eficiente entre nossos empreendedores e os investidores interessados.

Esse sistema ficará pronto em breve e será o equivalente a um Tinder que viabilizará essa conexão.

COMO É ENTREGUE O CONTEÚDO?

> ❯ Programa 100% online.

> ❯ Mais de 20 horas de conteúdo dividido em 160 aulas.

> ❯ Material adicional exclusivo para download.

> ❯ Planilhas para utilizar na gestão do negócio.

> ❯ Lista com mais de 130 investidores e fundos no Brasil.

Em nossos canais digitais (www.e-captei.com), compartilho conteúdos de relevância para o empreendedor. São entrevistas, videoaulas, e-books e artigos que poderão ter grande impacto na transformação e no sucesso de sua empresa.

40

CONSIDERAÇÕES FINAIS
"SEPULTAR OS MORTOS, CUIDAR DOS VIVOS E FECHAR OS PORTOS."

Em 1755, aconteceu um enorme terremoto em Lisboa que dizimou completamente a cidade. O então rei Dom José, perdido e em pânico, perguntou ao seu general Pedro D'Almeida, Marquês de Alorna, o que fazer, ao que o general respondeu: "Sepultar os mortos, cuidar dos vivos e fechar os portos."

A simplicidade e objetividade dessa resposta nos trazem um ensinamento incrível!

A jornada do empreendedorismo e também a vida como um todo são repletas de crises e desafios, como o que aconteceu no caso do terremoto de Lisboa. E conforme a força e o impacto que elas têm, muitas vezes perdemos a capacidade de observar a situação de modo claro e objetivo.

Essas crises ou "terremotos" podem acontecer das mais diferentes maneiras: um produto que não ficou pronto no prazo prometido, ou então um produto finalizado, mas que não conseguiu ter tração de venda para os clientes; a perda de um contrato de extrema importância para a vida da empresa; um novo concorrente que entrou com um produto muito melhor e mais barato que o seu; o fim do caixa da empresa e a impossibilidade de obter novos recursos; e inúmeras outras possibilidades.

Então, quando voltamos à frase do general, "Sepultar os mortos, cuidar dos vivos e fechar os portos", como podemos aplicá-la em nossos negócios?

SEPULTAR OS MORTOS

Não perca seu tempo se lamentando ou sofrendo pelo que aconteceu. Se errou, errou! Se perdeu, perdeu! Sacuda a poeira, aprenda com os erros e siga em frente com mais sabedoria e determinação em não cometer o mesmo erro. Sepulte os mortos.

CUIDAR DOS VIVOS

Depois que tiver enterrado os mortos e deixado o passado para trás, coloque todo seu foco e sua energia no presente e nas novas oportunidades que, com certeza, aparecerão.

Supere seus medos e inseguranças, reavalie sua condição, monte um plano, implemente-o e trabalhe incansavelmente na direção do sucesso da nova execução. Cuide dos vivos.

FECHAR OS PORTOS

Estanque o problema imediatamente e verifique se existem outros problemas potenciais para te atacar. Quando se está passando por um "terremoto", os concorrentes, adversários e inimigos saberão de sua fragilidade e, nesse momento, tentarão se aproveitar de sua fraqueza. Feche os portos.

Com esses sábios conselhos do general Alorna, o rei Don José conseguiu reconstruir Lisboa, e quando aplicados em nossa vida e em nossas empresas, têm também um poder incrível de superação e de transformação.

Bom, chegamos ao fim da jornada sobre como funciona o mercado de investimento em uma startup. Espero que você possa tirar proveito dos aprendizados que tive e que consiga utilizar esse conhecimento para ter sucesso na sua empresa e na sua vida.

CONSIDERAÇÕES FINAIS

Empreender é uma escola diária, com muitos obstáculos, erros, desafios e aprendizados. O importante é ter sempre resiliência, determinação e seguir em frente, porque é o empreendedor quem faz o mundo melhor.

Te desejo de coração sucesso em seu negócio!

**PARA MAIS CONTEÚDO,
VISITE NOSSO SITE:
E-CAPTEI.COM**

BIBLIOGRAFIA

Seguem as principais referências nas quais me inspirei ou em que busquei informações para escrever este livro. Qualquer erro cometido em minha redação é de minha inteira responsabilidade.

LIVROS SOBRE NEGÓCIOS E INSPIRACIONAIS

Allen, David. Getting Things Done. Nova York: Penquin Books, 2003.

Brandt, Richard L. One Click. Nova York: Penquin Group, 2011.

Brooks, Laura L. Answering the Ultimate Question. São Francisco: Jossey Bass, 2009.

Caetano, Gustavo. Pense simples. São Paulo: Gente, 2017.

Carnigie, Dale. Como fazer amigos e influenciar pessoas. Rio de Janeiro: Sextante, 2019.

Collins, Jim. Empresas feitas para vencer. Rio de Janeiro: Alta Books, 2018.

Covey, Stephen R. Os sete hábitos das pessoas altamente eficazes. Rio de Janeiro: Best Seller, 2014.

Dalio, Ray. Princípios. Rio de Janeiro: Intrínseca, 2018.

Doer, John. Measure what Matters. Nova York: Penguin Books, 2018.

Duhigg, Charles. O poder do hábito. Rio de Janeiro: Objetiva, 2012.

Eisenmann, Thomas. Managing Startups. Safari Books Online: Sebastopol, 2013.

Goleman, Daniel. Foco. Rio de Janeiro: Objetiva, 2013.

Heath, Chip. Made to Stick. Nova York: Random House, 2010.

Hoffman, Reid. The Startup of You. Nova York: The Random House, 2012.

Horowitz, Ben. O lado difícil das situações difíceis. São Paulo: WMF Martins Fontes, 2015.

Hsieh, Tony. Delivering Happiness. Zappos. Hachette Book Group, 2010.

Isaacson, Walter. Steve Jobs. Rio de Janeiro: Cia. das Letras, 2011.

Kim, W. Chan. A estratégia do oceano azul. Rio de Janeiro: Sextante, 2018.

Malhortra, Deepak; Bazerman; Max H. Negotiation Genius. Nova York: Bantam Dell, 2007.

Murnighan, J. Keith. Não faça nada. Rio de Janeiro: Alta Books, 2021. Zook, Chris; Allen, James. Repeatability. Nova York: Bain Company Inc., 2012.

Ries, Eric. A startup enxuta. Nova York: Leya, 2012.

Rottenberg, Linda. Crazy Is a Compliment. Nova York: Penquin Group, 2014.

Stone, Brad. A loja de tudo. Rio de Janeiro: Intrínseca, 2014.

_____. The Upstarts. Nova York: Little Brown and Company, 2017.

Szu, Sun. The Art of War. [S. l.]: Book Classics, [s. d].

Thiel, Peter; Masters, Blake. De zero a um. Rio de Janeiro: Objetiva, 2014.

Welch, Jack; Byrne, John. Straight from the Gut. Nova York: Aol Time Warner, 2001.

LIVROS SOBRE *VENTURE CAPITAL*

Berkery, Dermot. Raising Venture Capital for the Serious Entrepreneur. Nova York: McGraw Hill, 2008.

Bussgang, Jeffrey. Mastering the VC Game. Ontário: Penguin Group, 2010.

Feld, Brad; Mendelson, Jason. Venture Deals. Nova Jersey: John Wiley & Sons, 2011.

Gladstone, David. Venture Capital Investing. Nova York: Prentice Hall, 2004.

Shah, Tarang. Venture Capitalists at Work. Nova York: Springer – Verlag, 2011.

ARTIGOS ONLINE CONSULTADOS PARA CONSULTAS SOBRE STARTUPS

https://www.govloop.com/community/blog/pressing-case-driving-innovation-government/

https://www.populationconnection.org/talking-about-population-growth/jcurve/

https://www.tecmundo.com.br/mercado/124475-historia-estouro-bolha-da-internet-ano-2000-video.htm

http://sapeg.com.br/2018/01/12/ibovespa-50-anos-de-historia/

https://www.clubedospoupadores.com/ferramentas/corrigir-valores-pela-inflacao--ipca-igpm-igpdi-inpc.html

http://www.yahii.com.br/igpm.html

https://pitchbook.com/news/articles/vc-valuation-trends-in-7-charts

https://pitchbook.com/news/articles/18-charts-to-illustrate-us-vc-in-2018

WEBSITES UTILIZADOS PARA CONSULTAS SOBRE STARTUPS

www.pichbook.com

www.tecmundo.com.br

www.startse.com/

www.anjosdobrasil.net

https://abstartups.com.br/

https://startupbase.com.br/

www.ibge.gov.br

ÍNDICE

A

abertura de capital na bolsa 30
acordo
   de acionistas 95
   de investimento 164–165
agiotagem 29
alienação fiduciária 165
alta excitação fisiológica 116
ancoragem de valuation 114
aplicação financeira de baixo
risco 29
aporte de conhecimento e network 38
aquisição direta de um ativo
161

B

Best Alternative to a Negotiated
Agreement (BATNA) 113
Bill Gates 30
bridge loans 83

C

carried interest 62
cash flow 65
cessão de propriedade intelectual 168
ciclo de crescimento 178

cláusula
   de antidiluição 88, 132, 179
   de direito de resgate 154
   earnout 166
commitment period 63
commodities 31
conselho de administração 137
contrato
   de mútuo 42
      conversível 164
   de participação 40
   de vesting 84
   simples de investimento 35
controle de indicadores de performance 202
crescimento dos custos 175
crise
   da bolha em 1999 129
   de credibilidade 87
cultura de empresa 202
Custo de Aquisição de Cliente
(CAC)s 102

D

debêntures conversíveis 43
depósito do investimento 152
diluição dos empreendedores
127
direito

de resgate 151

de veto 167

down round 87–88, 132

E

Ebitda (Earnings before interest, taxes, depreciation and amortization) 74–75

emissão de novas ações 70

empresa

gestora do fundo 61–62

madura 34

-mãe 61

equity 42

F

fase de queima de caixa 181

fator FOMO (Fear of Missing out) 121

Fluxo de Caixa Descontado (FCD) 73–74

fundo

de investimento 24, 194

de risco 33

privado 33

de pensão 59

de private equity 31, 184

de venture capital 33–34, 45, 49, 65

zumbi 63–64

funil de vendas 102

G

gatilhos 128–129

gestão de capital de risco 46

governança corporativa 137–138

gráfico de análise SWOT 102

I

inteligência artificial 70, 90

investidor

-anjo 23, 33, 37–38

-semente 37–38, 79–80

investimento-semente 33

L

lei

de investimento-anjo 35

de investimentos em pequenos negócios 46

leilão de ofertas 121

limited partners (LP) 45, 59

LinkedIn 21

liquidity events 120

lista dos fundos 107

M

management fees 61–62

marketing 23

mecanismos de indenização 165

mercado de investimento 21

Merge and Acquisition (M&A) 29

metas de faturamento 174

método de avaliação comparativo ou Scorecard 77–78

Microsoft 21

ÍNDICE

modelagem financeira 69

modelo
de atuação 37
freemium 102

múltiplo P/L (preço sobre lucro) 76–77

múltiplos
anjos 43
de mercado 74

N

não conversão de debêntures 43

P

participante societário 40
percentual da empresa 35
percepção de mercado 69
pivotar 145
plano de negócios 21, 194, 205
ponto de equilíbrio 23
pool de ações 80
portfólio de investimento 59
preço de emissão 148
prejudicar o relacionamento 112
princípios e valores 114
private equity 49–50
processo
de auditoria 22
de captação 22, 107, 160
de due diligence 119
projeções financeiras 174
proposta de investimento 21

Q

quebra ou inadimplência da empresa 39
queima de caixa 174

R

reserva de ações 123
resgate
da cláusula MAC 151
do investimento 41
retorno
financeiro 29
sobre Investimento (ROI) 102
road show 92, 178

S

SaaS (Software as a Service) 54
segurança jurídica dos investidores 35
sentimento de frustração 112
Skype 21
Steve Jobs 30
stock option 80, 83
pool (SOP) 123–125

T

taxa de risco 50
termos e condições do negócio 120
term sheet 27, 70, 88
tese de investimento 54
ticket de investimento 37

times incompletos 109
título da debênture 43
tributação de investimentos de
baixo risco 41
turnaround 30

V

Vale do Silício 39, 47
valor
  patrimonial 75
  principal investido 130

valores médios de rodadas 80
valuation 50, 69–70
  superestimado 87
venture capital 30
visão de longo prazo 183

W

warrants 122–123
weighted average cost of capital
(WACC) 73

Projetos corporativos e edições personalizadas
dentro da sua estratégia de negócio. Já pensou nisso?

Coordenação de Eventos
Viviane Paiva
viviane@altabooks.com.br

Assistente Comercial
Fillipe Amorim
vendas.corporativas@altabooks.com.br

A Alta Books tem criado experiências incríveis no meio corporativo. Com a crescente implementação da educação corporativa nas empresas, o livro entra como uma importante fonte de conhecimento. Com atendimento personalizado, conseguimos identificar as principais necessidades, e criar uma seleção de livros que podem ser utilizados de diversas maneiras, como por exemplo, para fortalecer relacionamento com suas equipes/ seus clientes. Você já utilizou o livro para alguma ação estratégica na sua empresa?

Entre em contato com nosso time para entender melhor as possibilidades de personalização e incentivo ao desenvolvimento pessoal e profissional.

PUBLIQUE
SEU LIVRO

Publique seu livro com a Alta Books.
Para mais informações envie um e-mail
para: autoria@altabooks.com.br

CONHEÇA OUTROS LIVROS DA **ALTA BOOKS**

Todas as imagens são meramente ilustrativas.

 /altabooks /alta-books /altabooks  /altabooks

Impressão e Acabamento | Gráfica Viena
Todo papel desta obra possui certificação FSC® do fabricante.
Produzido conforme melhores práticas de gestão ambiental (ISO 14001)
www.graficaviena.com.br